# 目标导向与创业学习能力的网络建模研究与数据分析

方 琦 著

科学出版社

北京

# 内 容 简 介

本书主要针对创业活动中员工创业学习进行系统的研究，以解决新企业中员工创业学习管理实践问题、弥补现有学术理论研究缺失为出发点，以社会认知理论、成就动机理论、认知学习理论和经验学习理论为基础，结合目标导向、认知投入、工作激情、刻意练习和员工创业学习相关研究文献现状，借鉴态度功能理论和态度内在结构理论的内容，构建出目标导向对员工创业学习影响的理论模型，详细解析了目标导向对员工创业学习的影响关系路径。通过科学设计相关研究方法，规范检验研究假设关系，并对大样本数据进行实证分析和讨论，得到创新的研究结论和相应的管理启示。

本书可供从事企业管理、创业管理等领域关注员工创业学习、目标导向、工作态度的企业人员、教学科研人员等参考。

**图书在版编目（CIP）数据**

目标导向与创业学习能力的网络建模研究与数据分析/方琦著. —北京：科学出版社，2018.5
　　ISBN 978-7-03-056992-9

　　Ⅰ. ①目… Ⅱ. ①方… Ⅲ. ①计算机应用-创业-研究 Ⅳ. ①F241.4-39

中国版本图书馆 CIP 数据核字（2018）第 051992 号

责任编辑：王　哲/责任校对：郭瑞芝
责任印制：张克忠/封面设计：迷底书装

**科 学 出 版 社 出版**
北京东黄城根北街16号
邮政编码：100717
http://www.sciencep.com

**保定市中画美凯印刷有限公司 印刷**
科学出版社发行　各地新华书店经销

\*

2018 年 5 月第 一 版　　开本：720×1000　1/16
2018 年 5 月第一次印刷　　印张：8 1/2
字数：164 000

**定价：55.00 元**
（如有印装质量问题，我社负责调换）

# 前　　言

　　随着社会经济的飞速发展，各种创业机会纷纷涌现，形式各样的创业活动也走入我们每个人的身边，发生在各个领域。创业活动对社会经济的推动作用毋庸置疑。然而，创业活动也是高风险的组织活动，需要通过学习提升创业成功的水平。创业学习是个体创业能力形成和提升的基础，也是新企业生存和发展的关键，其重要性在创业的理论研究以及新企业的发展实践中都得到了广泛认可。一般研究认为新企业的发展可能主要依靠创业者的管理与决策，然而决策的实施和任务的执行主体是企业的员工，创业过程中不能忽视员工的参与。因此，研究员工个体的创业学习对于丰富创业学习理论具有至关重要的作用，探索员工个体创业学习的前置因素也成为创业学习领域亟待解决的问题。基于此，本书构建了目标导向对员工创业学习影响的理论模型，旨在揭示目标导向对员工创业学习的直接作用，以及工作态度在两者之间的中介作用。

　　本书共 7 章。首先提出研究背景和问题以及目的和意义，并安排设计详细的研究内容和规范的研究方法。其次，对社会学、心理学和管理科学的相关理论及文献研究进行梳理、总结和归纳，为本书提供理论支撑。在此基础上，本书对变量进行概念界定，主要包括目标导向、认知投入、工作激情、刻意练习和创业学习，其中目标导向包括累积学习目标导向、绩效趋近目标导向和绩效规避目标导向三个维度。通过借鉴态度功能理论和态度内在结构理论研究范式，解释态度受动机的影响和态度决定行为的模型，以及态度包含认知、情感和行为意向三个层面的内容，构建目标导向对员工创业学习影响的理论模型，主要探究员工目标导向对员工创业学习的影响，以及工作态度在目标导向对员工创业学习的影响关系中的中介作用，并以此提出 24 条影响关系假设。之后对研究方法进行设计，并对本书提出的理论假设进行实证检验。利用对收集的大样本数据进行基本统计分析和结构方程模型分析与检验，通过结果分析讨论，提出相应的管理启示。最后总结研究的主要结论、创新之处以及不足和展望。

　　本书弥补了现有创业学习相关理论的不足，具有较高的创新性，体现在以下几个方面：提出员工创业学习的概念，从新的视角扩展创业学习的研究；弥补员工创业学习理论研究的不足，构建了员工创业学习的前置因素影响过程模型，揭示了目标导向对创业学习的直接影响；基于态度功能理论和态度内在结构理论，以工作态度三层面要素为中介变量，深入剖析验证了不同目标导向对员工创业学习的影响关系，并进一步提出了创新性的实践启示。

本书是作者主持的吉林财经大学新入职博士科研启动项目"互联网环境下目标导向对员工创业学习的影响研究：基于工作态度的中介作用"（2017B2008）的重要学术成果。借本书出版之际，感谢吉林大学朱秀梅教授在本书写作过程中给予的悉心指导和帮助，使得本书得以顺利完成；感谢科学出版社对本书出版的大力支持；感谢吉林财经大学对本书出版的大力支持；感谢父母及爱人，对我完成书稿过程中给予的精神鼓励，为我完成本书提供了不竭的动力。

由于作者水平有限，本书难免存在不足，敬请读者和专家批评指正。

作　者

2018 年 2 月

# 目　录

前言
第1章　绪论 ·······················································································1
1.1　研究背景和问题 ········································································1
1.2　研究目的和意义 ········································································3
　　1.2.1　研究目的 ········································································3
　　1.2.2　研究意义 ········································································4
1.3　研究主要内容 ···········································································5
1.4　研究方法与技术路线 ·································································7
第2章　相关理论与文献综述 ·································································9
2.1　相关理论基础 ···········································································9
　　2.1.1　社会认知理论 ·································································9
　　2.1.2　成就动机理论 ·······························································12
　　2.1.3　认知学习理论 ·······························································14
　　2.1.4　经验学习理论 ·······························································15
2.2　目标导向相关研究 ···································································18
　　2.2.1　目标导向的理论发展 ······················································18
　　2.2.2　目标导向前置变量的研究 ··················································21
　　2.2.3　目标导向结果变量的研究 ··················································22
2.3　创业学习相关研究 ···································································23
　　2.3.1　创业学习的研究视角 ······················································23
　　2.3.2　组织层面创业学习的研究 ··················································26
　　2.3.3　个体层面创业学习的研究 ··················································29
2.4　本章小结 ···············································································30
第3章　目标导向对员工创业学习影响的理论模型构建及假设提出 ·······31
3.1　相关概念界定 ·········································································31
　　3.1.1　目标导向 ········································································31
　　3.1.2　工作态度 ········································································33
　　3.1.3　员工创业学习 ·································································39
3.2　目标导向对员工创业学习影响的理论模型构建 ·······················40

　　　　3.2.1　模型建立的理论依据 ················································ 41
　　　　3.2.2　理论模型的构建 ···················································· 43
　　3.3　目标导向对员工创业学习影响的理论假设 ························ 44
　　　　3.3.1　目标导向对员工创业学习影响关系的假设 ················ 45
　　　　3.3.2　员工目标导向对认知投入影响关系的假设 ················ 47
　　　　3.3.3　员工目标导向对工作激情影响关系的假设 ················ 48
　　　　3.3.4　员工目标导向对刻意练习影响关系的假设 ················ 50
　　　　3.3.5　认知投入对员工创业学习影响关系的假设 ················ 51
　　　　3.3.6　工作激情对员工创业学习影响关系的假设 ················ 52
　　　　3.3.7　刻意练习对员工创业学习影响关系的假设 ················ 53
　　　　3.3.8　认知投入在目标导向和员工创业学习间中介影响的假设 ····· 54
　　　　3.3.9　工作激情在目标导向和员工创业学习间中介影响的假设 ····· 55
　　　　3.3.10　刻意练习在目标导向和员工创业学习间中介影响的假设 ····· 56
　　3.4　本章小结 ································································· 57
第 4 章　目标导向对员工创业学习影响的研究方法设计 ················ 58
　　4.1　初始量表设计 ··························································· 58
　　　　4.1.1　目标导向维度量表设计 ·········································· 58
　　　　4.1.2　认知投入量表设计 ··············································· 60
　　　　4.1.3　工作激情量表设计 ··············································· 61
　　　　4.1.4　刻意练习量表设计 ··············································· 63
　　　　4.1.5　员工创业学习量表设计 ·········································· 64
　　　　4.1.6　控制变量 ··························································· 66
　　4.2　量表问项甄选 ··························································· 66
　　　　4.2.1　小组讨论 ··························································· 66
　　　　4.2.2　样本调查 ··························································· 67
　　　　4.2.3　问项纯化 ··························································· 67
　　　　4.2.4　正式量表确定 ···················································· 70
　　4.3　样本数据收集 ··························································· 72
　　　　4.3.1　问卷设计 ··························································· 72
　　　　4.3.2　样本选择 ··························································· 73
　　　　4.3.3　数据收集 ··························································· 73
　　4.4　信度效度检验 ··························································· 75
　　　　4.4.1　信度检验 ··························································· 75
　　　　4.4.2　效度检验 ··························································· 76

4.5　数据分析方法选择 ·······················································79
　　4.5.1　描述性统计分析 ················································79
　　4.5.2　结构方程模型分析 ··············································80
4.6　本章小结 ·····························································81
第5章　目标导向对员工创业学习影响的实证分析 ·······················82
5.1　基本统计分析 ·······················································82
　　5.1.1　描述性统计分析 ················································82
　　5.1.2　变量相关性分析 ················································83
　　5.1.3　同源偏差分析 ··················································84
5.2　结构方程模型分析与检验 ··············································84
　　5.2.1　结构方程模型构建 ··············································84
　　5.2.2　结构方程模型分析 ··············································86
　　5.2.3　结构方程模型修正 ··············································89
5.3　假设检验结果分析 ···················································91
5.4　本章小结 ·····························································94
第6章　目标导向对员工创业学习影响的讨论与启示 ·····················95
6.1　研究结果讨论 ·······················································95
　　6.1.1　目标导向对认知投入影响的讨论 ·································95
　　6.1.2　目标导向对工作激情影响的讨论 ·································96
　　6.1.3　目标导向对刻意练习影响的讨论 ·································97
　　6.1.4　认知投入、工作激情和刻意练习对创业学习影响的讨论 ·······97
　　6.1.5　目标导向对员工创业学习影响的讨论 ·····························98
6.2　研究管理启示 ·······················································100
　　6.2.1　优化配备不同目标导向型员工 ···································101
　　6.2.2　利用外部激励刺激员工产生认知投入和工作激情 ···············102
　　6.2.3　为员工开展刻意练习活动提供支持 ·······························103
6.3　本章小结 ·····························································103
第7章　结论与展望 ·························································104
7.1　研究的主要结论 ·····················································104
7.2　研究的创新之处 ·····················································105
7.3　研究局限和展望 ·····················································106
参考文献 ·····································································108
附录 ·········································································120

# 第1章 绪 论

## 1.1 研究背景和问题

随着社会经济的飞速发展，各种创业机会纷纷涌现，形式各样的创业活动也走入我们每个人的身边，发生在各个领域。创业活动对社会经济的推动作用毋庸置疑，一方面能够实现新的生产价值和服务价值的创造，为企业提供高水平的收益；另一方面还能够创造出大量就业岗位，为区域带来社会效益。然而，创业活动也是高风险的组织活动，与极其活跃的创业氛围相随而来的则是较高的创业失败率。根据不完全统计，国外成熟经济体创业活动的失败率高达60%以上，我国创业活动失败率在70%以上，我国大学生的创业活动失败率则更高，超过90%的大学生创业都纷纷走向失败。那么，我们不禁要问：为什么创业活动存在如此高的失败率？为什么有些创业活动能够成功，而其他的则不欢而终？是什么原因导致了创业活动的这些差异性？

以上这些问题吸引了大量创业领域学者进行研讨，先后得出了不同的解答。Cromin 和 Johns（1983）、Herron 和 Robinson（1993）以及 Koh（1996）等学者从特质论的角度来解答这一创业现象。他们认为，创业者具有非常特质，如高风险承担性、高自信心和高忍耐度等，正是因为这些非常人的特质使得创业者能够识别、获取和利用创业机会，从事高风险的创业活动，并最终取得成功；而不具备这些特质的个体则不适合进行创业活动。然而，创业活动本身具有高度不确定性，每个创业者面对的活动情境也千差万别，那么仅从特质论的角度来进行区别则难以揭示这一复杂现象（Cope，2005）。因此，特质论从静态角度来解释创业现象具有片面性，还需要从创业活动的动态性和持续发展角度来进行揭示，创业学习的概念由此而生。

在创业活动中，创业环境因有限理性和机会主义的存在而充满不确定性。虽然创业者通常拥有获取资源的优势，但是创业者个人的资源仍然是有限的，其受到信息不完全的约束。因此，创业者如何提高知识水平和创业能力、如何获取外部资源等问题成为了创业成功的关键。一些学者发现通过学习获取特异性知识，是创业者和新企业提升创业成功水平和创业导向的重要活动与行为。Lumpkin 和 Lichtenstein（2005）、Xiao 等（2010）学者们认为，创业者需要通过后天不断模仿、持续反思和反复纠偏等学习行为来克服创业活动中面临的各种困境和不确定性，这也就是持续的创业学习。之后，许多学者对创业学习的概念、内涵、维度和学习过程及其作用机制等进行了研究探讨。

创业学习行为有助于识别和开发创业机会、发展新型技能、产生创新行为以促进创业成功（Lans et al.，2008）。创业学习是创业者创业能力形成和提升的基础，也是新企业生存和发展的关键，其重要性在创业的理论研究以及新企业发展实践中都得到了广泛认可（Rae，2005）。已有创业学习研究主要关注组织和个体两个层面。在组织层面上，将创业学习看作是创业企业的总体学习行为，比如陈文婷和李新春（2010）、刘井建（2011）等；个体层面上则认为创业学习是创业者的个体行为，如 Cope（2005）、Hamilton（2011）、单标安（2013）等。员工作为创业过程的重要参与主体，也存在识别和开发机会、累积并更新知识等学习行为，然而员工个体的这种创业学习却被许多学者所忽视。

一般研究认为，新企业是处于发展早期阶段的企业，企业的组织结构单一，经营战略和内部的管理流程都不够成熟和完善，因此会因为规模的限制而受到机会和资源的约束。企业的发展可能主要依靠创业者的管理与决策（Lans et al.，2008），然而决策的实施和任务的执行主体是企业的员工。新企业当中，员工与创业者的创业学习任务也存在分工，创业者的学习更倾向于战略层面，学习把握企业的整体发展方向。员工的创业学习更倾向于业务层面，通过创业学习克服新企业的资源约束，高效地执行创业任务，产出并提高企业绩效。员工创业学习有利于促进工作创新，提高员工的组织承诺和工作绩效，员工创业学习可视为提升企业适应性和竞争性的先决条件（Maurer，2002）。创业过程中不能忽视员工的参与（Nikolov and Urban，2013），员工创业学习有利于员工形成更高的创业参与感，更有效地执行和完成创业任务。员工作为重要的学习主体，其学习行为对新企业发展具有不可或缺的作用。因此，研究员工个体的创业学习对于丰富创业学习理论具有至关重要的作用，探索员工个体创业学习的前因和结果变量也成为创业学习领域亟待解决的问题。

从社会控制理论的角度来看，个人表现出来的社会行为通常受到两种驱动力量的影响：一种是外在控制力量，是个体外部存在的组织力量，通常分为正式控制力量和非正式控制力量，正式控制力量是组织内部明确规定的政策、程序、契约、规章和制度等硬控制力量，非正式控制力量是个体所在组织拥有的风俗、习惯、风格以及氛围等软控制力量；另一种是内在控制力量，也称为自我控制，是个体将所处组织的规范约束进行内化而形成的一种主观能动力量（James and Coleman，1998）。按照社会控制理论视角，新企业员工的创业学习行为将受到两种驱动力的影响：一种是外在控制力量，包括新企业对员工的正式控制力量和非正式控制力量；一种是员工内在主观能动力量。目前，组织行为研究已经对企业层面外在控制力量对员工的影响进行了详细的研究，创业管理研究领域也有学者针对创业环境对其学习行为进行了深入研究，而有关员工内在控制力量对员工创业学习行为的影响则还未有涉及。

在心理学研究中，目标导向是个体内在控制力量的一个重要概念，是员工在追求成就的过程中持有的不同目标，属于个体内在动机概念（Dweck，1986；Dweck and Leggett，1988），本质是人们行为的自我规范，同时其也影响着个体的情绪情感及行为表现方式，鼓励或者潜意识地指导人们去选择和参与一些特定的行为模式（Hirst et al.，2011）。同时，许多学者也认为，目标导向是影响人们特定情境中的成就追求、行为方式和行为结果的关键因素（Heimbeck and Frese，2008）。态度功能理论认为，人们内在动机或需求会形成不同的个体态度，而这种态度能够使人们对相似的事物产生一致的外显行为（Katz，1960）；态度内在结构理论指出，态度是一个多要素构成的综合概念，这些多要素间的评价能够有效预测个体的行为（Myers，1993）。因此，本书提出设想：新企业中员工的目标导向是否能够对其个体创业学习存在显著的影响呢？依据态度功能理论和内在结构理论，是否可以将员工工作态度层面要素作为中介变量，从而来探讨目标导向对员工创业学习的影响作用关系呢？这些变量间存在哪些详细的作用关系？其作用关系路径是什么？基于对这些问题的解答，作者展开了本书的研究。

## 1.2 研究目的和意义

### 1.2.1 研究目的

为了解决上述新企业员工创业学习的现实问题，弥补现有学术理论研究的不足，本书基于社会认知理论、成就动机理论、认知学习理论、经验学习理论以及相关文献研究内容，借鉴态度功能理论和内在结构理论思想，构建出新企业中目标导向对员工创业学习的影响作用模型，深入分析目标导向对员工创业学习的影响关系和作用路径，并将通过大样本数据进行实证检验和分析讨论，提出新企业的员工创业学习活动的管理借鉴和启示。本书具体的主要目的包括以下四个方面。

（1）基于态度功能理论和内在结构理论思想，以工作态度层面要素为中介变量，从动机、态度和行为意向三个层面构建目标导向对员工创业学习的影响作用框架模型，厘清目标导向对员工创业学习影响的框架关系；

（2）通过梳理相关学者研究成果，分析新企业目标导向对员工创业学习的关系，并揭示认知投入、工作激情与刻意练习在目标导向与员工创业学习之间的路径作用，架构以工作态度三个要素为中介变量的目标导向对员工创业学习影响的假设关系模型；

（3）采用 SPSS、AMOS 软件对样本数据进行基本统计分析和结构方程模型分析，检验目标导向对员工创业学习影响的假设关系和作用路径；

（4）对假设关系的检验结果进行深入分析和讨论，为新企业创业学习活动管理提出相应的借鉴和启示。

### 1.2.2　研究意义

鉴于员工创业学习管理实践问题和理论研究中所存在的不足，以社会学、心理学和管理科学等相关理论研究为基础，借鉴态度功能理论和内在结构理论思想，构建出目标导向对员工创业学习的影响作用模型，深入分析目标导向对员工创业学习的影响及影响路径，利用大样本数据进行实证检验，得出相关的研究结论，具有较大的实践和理论价值。

（1）实践意义。

在新企业中，员工是创业活动的重要参与主体，存在着识别和开发机会、累积并更新知识等学习行为，员工创业学习有利于促进工作创新，提高员工的组织承诺和工作绩效，员工创业学习可视为提升新企业适应性和竞争性的先决条件。然而，如何促进员工个体层面的创业学习并未有成熟经验。本书从员工内在控制力量角度，借鉴态度功能理论和内在结构理论思想，搭建出目标导向对员工创业学习影响的理论关系模型，并采用大样本数据进行实证检验，得出有利于指导新企业员工创业学习的研究结论。本书研究的开展将会为新企业引导员工树立正确的目标导向，解释目标导向对员工创业学习的详细影响路径和作用强弱关系，得出的相关研究结论能够满足新企业促进员工层面创业学习水平、提升创业知识储存的需要，对于新企业实现成功创业、持续经营具有一定的实践意义。

（2）理论意义。

在对创业学习的有关研究中，现有关于个人层面的研究主要集中于创业者学习，而对于员工层面的创业学习研究鲜有涉及，缺少对员工创业学习的前置因素及其影响关系研究。本书针对这些理论缺失，以社会学、心理学和管理科学等理论及相关文献研究为基础，借鉴态度功能理论和内在结构理论的思想，从动机、情感和行为意向三个层面上构建出目标导向对员工创业学习影响的理论模型，引入认知投入、工作激情和刻意练习作为反映工作态度的认知、情感和行为意向三个方面的要素，深入论证了累积学习目标导向、绩效趋近目标导向和绩效规避目标导向对员工创业学习的影响和作用路径，并采用大样本数据进行规范的实证分析。这一研究将能够深入解析目标导向三个不同的维度对员工创业学习的影响，有利于充实目标导向研究领域，引入工作态度的认知、情感和行为意向三个层面揭示员工动机层面的变量对创业学习行为的作用路径和影响过程，通过深入探讨态度功能理论和内在结构理论在创业管理研究领域的应用，拓展创业学习研究范畴，具有一定的理论意义。

## 1.3 研究主要内容

员工作为重要的学习主体，其学习行为对新企业发展具有不可或缺的作用。因此，研究员工个体的创业学习对于丰富创业学习理论具有至关重要的作用，探索员工个体创业学习的前因和结果变量也成为创业学习领域亟待解决的问题。显然，员工创业学习存在巨大的研究空间，为了弥补这一研究不足，本书构建员工创业学习的研究框架，甄别能够驱动员工创业学习的个体因素。基于社会内在控制理论，本书认为动机决定行为，所以以目标导向作为影响员工创业学习的关键变量，揭示目标导向对员工创业学习的直接影响。根据态度功能理论，动机影响态度，态度进而影响行为的"动机—态度—行为"研究范式，以员工工作态度为中介变量，揭示工作态度在目标导向对员工创业学习的影响关系中的中介作用，如图 1.1 所示。本书将运用态度内在结构理论思想，从认知、情感和行为意向这三个层面将工作态度划分为认知投入、工作激情和刻意练习三个要素，更具体深入地分析新企业中不同目标导向对员工创业学习的影响作用关系。

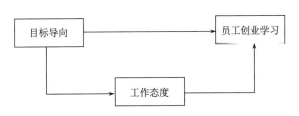

图 1.1 影响关系和作用路径模型

本书将按照实证研究规范，设计包括绪论、相关理论与文献综述、理论模型和假设提出、研究方法设计、实证分析、讨论与启示以及结论与展望等部分，各部分内容安排如图 1.2 所示。

第 1 章 绪论：本章基于创业管理活动中存在的实际问题和理论研究不足，提出本书的主要研究问题，阐明研究目的，以及研究的理论与现实意义，并对研究内容进行了详细的安排，介绍了研究过程中需要运用的研究方法。

第 2 章 相关理论与文献综述：为了有效解决上述理论和实践问题，深入了解现有相关理论研究态势，本章对研究过程中涉及的社会认知理论、成就动机理论、认知学习理论、经验学习理论以及相关文献进行了广泛收集、深入分析、系统归纳和梳理，以期为后续研究提供坚实的理论基础。

第3章 目标导向对员工创业学习影响的理论模型构建及假设提出：本章在现有理论研究基础上，首先对研究涉及的目标导向、认知投入、工作激情、刻意练习和创业学习等变量进行了概念界定，并依据态度功能理论和内在结构理论思想，构建出目标导向对员工创业学习影响的理论模型，并对模型中各变量间的作

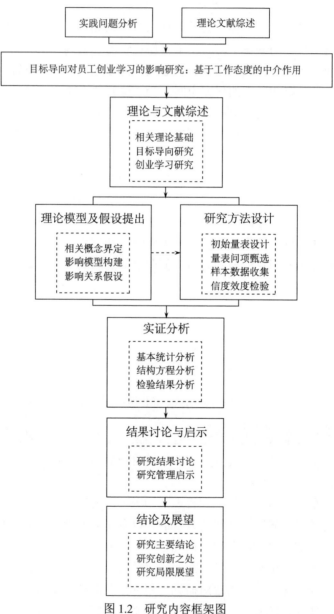

图1.2 研究内容框架图

用关系进行了理论推导，明确变量之间的作用关系。

第 4 章　目标导向对员工创业学习影响的研究方法设计：通过对各研究变量量表的初始设计、问项甄选和正式设计，完成研究量表的设计工作；通过设计问卷、选择样本、实施调研和数据收集整理，完成用于实证研究的 639 份样本的数据采集工作；通过量表的信度和效度检验，实现对研究量表可行性和有效性的检查；最后对实证研究所需要的描述性统计分析、结构方程模型检验等方法进行了选取。

第 5 章　目标导向对员工创业学习影响的实证分析：本章首先进行了基本统计分析，对样本的描述性特征、变量的相关性系数和样本数据的同源偏差进行了检验；其次，运用 AMOS17.0 软件对本书所提的假设进行了结构方程模型分析；最后，对检验结果进行了详细的分析。

第 6 章　目标导向对员工创业学习影响的讨论与启示：本章在上文假设检验结果的基础上，对本书的假设检验结果进行深入讨论，并提出相关的管理启示。

第 7 章　结论与展望：本章主要是对本书所得的最终研究结论、研究的理论创新和贡献，以及后期研究的不足和展望进行了介绍。

## 1.4　研究方法与技术路线

本书采用多种定量和定性相结合、理论和实证相统筹的研究方法。研究过程中，本书以社会学、心理学和管理科学及相关文献研究内容为基础，通过现有文献综述分析、研究成果比较分析、理论逻辑推理、归纳演绎、专家访谈、问卷调研等方法，以当前创业活动现状为背景，引入创业学习理论，清晰界定研究变量概念、科学引入理论模型框架、深入剖析各级变量关系、规范验证假设关系模型、全面分析假设检验结果，以此来保障本书研究顺利的完成。

第 1 章采用现场一手资料收集、专家访谈的方法进行新企业创业活动管理问题发掘；第 2 章采用文献资料分析、研究成果对比分析、归纳演绎等方法对多种相关理论和文献研究资料进行了归纳、梳理和总结；第 3 章运用了文献资料分析、理论逻辑推理、归纳演绎、专家访谈等方法，构建了目标导向对员工创业学习理论模型框架和作用关系的假设；第 4 章通过运用文献资料分析、问卷调查、专家访谈、因子分析、信效度检验等方法对本书研究模型检验进行了方法设计；第 5 章采用基本统计分析、归纳演绎、结构方程模型分析等方法对研究模型进行了实证检验；第 6 章采用研究成果对比和事实性归纳演绎等方法对检验结果进行了深入分析和讨论，并提出相关管理启示；第 7 章采用研究成果总结和对比分析等方法总结本书研究的结论，阐明研究创新，提出不足和展望。本书研究的技术路线图如图 1.3 所示。

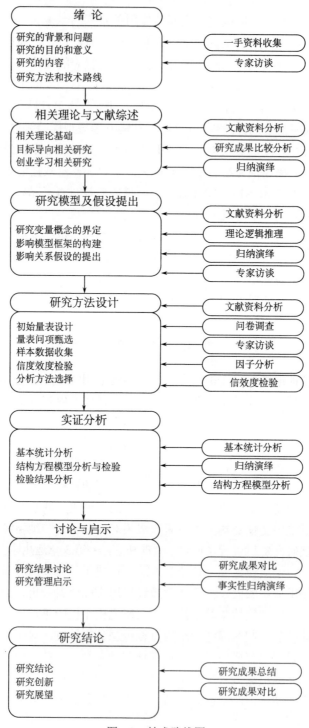

图 1.3 技术路线图

# 第2章 相关理论与文献综述

基于上一章中的研究的主要问题、研究目的和意义以及研究内容和方法，本章将梳理相关理论基础以解释本书变量的概念内涵及来源，并对变量的相关文献进行归纳和总结，以期明确本书研究理论基础、厘清本书研究理论脉络，为后期研究提供理论支撑。而态度功能理论和态度内在结构理论作为模型构建的理论基础将在下一章进行介绍。

## 2.1 相关理论基础

本书以社会认知理论、成就动机理论、认知学习理论和经验学习理论为理论基础开展研究。本节主要介绍这四个理论的内涵、核心思想及本书研究对这些理论的应用。

### 2.1.1 社会认知理论

美国教育学家、认知心理学家布鲁纳（Bruner）于1947年在《价值与需要是知觉中有组织的事实》中首次提出社会知觉的概念，为社会认知的研究拉开序幕。直至1982年《社会认知专辑》的正式出版，社会认知经过理论、方法和大量实证的研究，正式成为心理学的主流领域（陈俊，2007）。

社会认知发展研究基于发展心理学和认知心理学等领域，是当前社会心理学研究的一个重要领域。社会认知在不同的研究领域中的概念不尽相同。信息加工心理学认为社会认知是个体对信息的表征和所提取的因素以及因此作出判断的过程。社会心理学则提出社会认知是个体对他人行为或者人类事件所认识的观点。一般来说，社会认知的内容涉及三个不同的层次，分别为关于人自身的认知、关于人与人之间的各种双边关系的认知以及关于社团内部及社团之间各种社会关系的认知（李晓侠，2005）。社会认知的研究主要源于两个方面：发展心理学和认知心理学。皮亚杰（Piaget）是发展心理学的代表人物，他通过对个别儿童的长期实验，提出了认知发展理论。该理论认为个体随着年龄的增长和环境的变化，对事物的认知以及对问题情境的思考方式和能力表达将通过认知系统和环境系统的相互交互作用而发生变化，从而使认知发展形成平衡化建构。而社会心理学是研究人与社会情境交互影响的科学。勒温（Lewin）指出，社会心理学是建立在具体而实在的社会心理现象上的，因此，社会心理学的研究主题是随着社会历史的发展而更替变化的。社会认知也是社会心理学的研究领域之一，而社会心理学对社会认知研究的贡献主要体现在对自我、归因、态度和社会知觉等方面。

20世纪70年代末美国心理学家班杜拉（Bandura）提出了社会认知理论，解释个体产生新行为的原因。该理论认为个体的认知活动和行为之间具有因果关系，人们的内在思维活动和外部环境共同决定了人类行为的形成，强调了认知性因素在行为改变中的作用，从全新的角度揭示了个体、行为和环境相互影响、相互依赖和相互决定的维系机制。社会认知理论中主要包含以下几个观点。

（1）三向交互决定论（Triadic Reciprocal Determinism）。

关于人类行为决定因素的研究，一直存在个人决定论和环境决定论。个人决定论认为个体的内在思维活动和心理因素对行为有控制的影响，是人本主义的研究观点。而环境决定论强调了外部环境因素对行为的调节作用，为行为主义的研究内容。Bandura发现，这两种决定论都是单向的，具有较大的局限性，不符合行为实际。在此基础上他提出交互决定论，构建了行为、个体、环境三种因素交叉互动的模型，如图2.1所示。

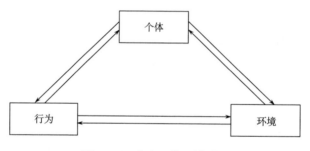

图2.1　三向交互作用模型图

Bandura（1982；1986）认为，人类的行为模式和强度部分决定于外部环境，同时行为又会反过来对人们周围环境产生作用和制约，决定和选择哪些环境因素会实际影响行为。而个体的内部因素，如情绪、动机、目标、认知能力等也将影响人们的行为，同理，行为的内部特征和外部结果也会反过来对个体的意识形态和情感状态产生作用。在个体与环境之间的关系中，个体不同的认知意识将激活和把握不同的环境特征，另一方面，特定的环境也将通过个体自我调节过程影响着人们的情感和认知能力等个体特性。同时，行为也可以被视为个体和环境两者之间的中介变量，个体通过执行不同的行为以满足个人的需求以此适应并改变环境。相应地，环境也将通过制约人们的行为以此改变个人的主体特征。因此，在三向交互作用模型中，个体、行为、环境之间是互为因果的关系，每两者之间都具有双向的互动和决定作用。

（2）观察学习（Observational Learning）。

社会认知理论认为观察学习是人类更加重要、普遍和有效的学习方式。观察学习是指个体通过观察他人的行为，并将观察到的信息和结果进行强化、加工和内化从而形成对自身有价值的知识，产生自己新的行为和观念。Bandura（1978）指出观察学习包括四个具体的过程，即注意过程、保持过程、产生过程和动机过程。注意过程是指最初阶段学习者注意到了示范者的行为，通过观察选择示范原型。而保持过程是对示范模型的保持，将示范者的语言、行为和形象进行信息的编码和转换并得以保存。第三阶段的产生过程则是将之前保存在记忆中的符号表象转化为外显行为的一系列再现过程。最后动机过程，是学习者在特定的情境因素下表现示范行为的过程，主要强调学习者再现示范者行为的动机。传统的行为主义认为学习必须要经过亲身体验以实际行动予以实现。而观察学习主张学习者只要通过观察示范者的行为，继而接受和强化即可获取新的知识，是个体接受外来信息进行加工的过程。

（3）自我效能（Self-efficacy）。

效能感围绕的是对于自我能力的评价，本质是个人对自我能力的感知，是一种自我调节的主要机制，对人的思想、感觉、动机和行动具有很强的影响力。Bandura（1977）提出，自我效能是个体对其具有组织和执行特定任务能力的信念，是指人们对于他们自身去组织和实施一套行动的能力。自我效能感关注的不是一个人的技能，而是对这个人用他或她所拥有的什么技能能做什么事情的自我判断，是一个人对其某方面工作能力的自我评估。众多的学者认为自我效能在工作压力与结果变量的关系中起到了重要的作用。个体的自我效能会影响其想法、动机和行动。Bandura（1977）在对自我效能的分析中，指出自我效能必须与特定的领域相联系，认为自我效能并不是像个性一样稳定的特征，而是对个体认为其在特定领域特定行为的信念。这种信念影响三个方面的内容：①人们可以承担什么样的挑战和困难；②人们将付出多少努力；③人们面临困难时能坚持多久（曹威麟和谭敏，2012）。因此那些自我效能高的个体，在其他能够有效完成工作的相关技能或者资源方面也具有相当大的信心，例如他们认为有更多的精力、对别人有更大的影响等方面。众多的学者也认识到了这一点，认为特定领域的自我效能感比普遍的自我效能感具有更好的预测价值，能预测较多的行为变量（Bandura and Locke，2003）。个体的自我效能感对个体在行为环境中的具体行为有着巨大的影响。

本书将探讨的目标导向是社会认知理论研究的延伸和具体表现。以社会认知理论模式为基础，目标导向强调的是个体的内部动机的产生和维持，描述的是目标动机影响个体行为的过程。同时，观察学习作为社会认知理论的观点，是基于心理学视角建立创业学习的重要基础。通过分析个体的心理、情感、动机和性格等方面的内部潜在因素建立创业学习形成的路径，而学习的结果也将反过来影响个体的自信、价值观和成就动机等个体内部特征。因此社会认知理论对目标导向和个体创业学习的研究有着重要的借鉴意义，有利于更好地理解人们的心理特征和外部行为产生的过程。

### 2.1.2　成就动机理论

成就动机是一种重要的社会性动机。美国心理学家 Murray（1938）最早定义成就动机为通过克服阻碍、表现能力、并尽快尽好地解决某个困难的需要。他认为 20 种人的基本需求中，成就需求是最重要的。1953 年，McClelland 和 Atkinson 合著的《成就动机》中正式提出了成就动机的概念，是指在与自身所特有的良好或优秀的标准相竞争之下，个体通过学习所带来的一种追求成功的需要或倾向。基于成就动机的驱动性、社会性和多维性的特征，成就动机被定义为以竞争为基础的情感、认知、行为的激活化和方向化，即个体完成认为有价值的、重要的事情，并为之努力以求达到完美的一种内部推动因素（Nicholls，1982；Elliot and Dweck，1988）。从个体意义层面而言，成就动机是个人在社会化过程中逐渐形成的适应社会生活的重要素质，是激励自我成就感和上进心的心理机制。从社会意义的层面而言，人们的成就动机水平和经济的增长、社会财富的积累以及技术的进步被一同视为社会繁荣发展的几个重要指标。

经典的成就动机理论由 McClelland 和 Atkinson 在《成就动机》中提出。基于期待价值理论和实验的数据证明，他们提出个体的成就动机包含两个因素：追求成功的动机和避免失败的动机。追求成功的动机解释为追求或希望成功的意向，表现出趋近目标的行动。避免失败的动机解释为害怕失败的意向，想方设法逃脱成就活动或情境，避免预料到的可能的失败。每个人的成就行为都受到这两种动机维度相互制衡和消长的影响。两种动机倾向的代数和就是合成的成就动机。当个体处于强制性选择的情景时，中等难度任务中个体表现出最强的动机水平。但当处于自由选择任务的难度时，不同的个体对任务难度水平的选择也不同。当个体属于追求成功的动机大于避免失败的动机时，其将选择中等难度的任务。因为过于困难的任务很难获得成功，而过于简单的任务又缺乏挑战性，无法带来对成功的渴望。相较之下，当个体属于避免失败的动机大于追求成功的动机时，其将宁愿选择难度很大或很小的极端水平。

McClelland 指出工作情境中主要有三种需求。其中，权力需求是个体影响控制他人或被他人所影响的需求；亲和需求是与他人建立友好关系的需求；成就需求则是争取成功、达到完美的需求。因此为了满足成就需求，个体将努力提高工作绩效，并尽可能的追求完美、获取成功。这样的个体重视完成任务过程中克服阻碍、展现能力所带来的快乐以及成功之后个体拥有的成就感，而并非是因成功而获取的物质激励。基于成就动机理论发展了以下几种理论的研究。

（1）成败归因理论。

Weiner（1979）指出归因是人们对事件发生原因的认知，人们对自己行为成败原因的归结和认知判断将直接影响个体接下来的行为表现。因此，归因理论主要研究的是个体对行为结果的归因将如何影响个体后续的行为和动机。Nicholls（1984）基于此，提出了能力理论，他认为在成就动机众多归因中，能力是最关键的因素，并以此提出了能力的差异感觉和无差异感觉。该理论认为个体在选择任务时，会对自身的能力水平产生一个判断。拥有能力的差异感觉的个体，视完成任务为表现能力的一种手段。而拥有能力的无差异感的个体在面对成就情境时，视完成任务为提高能力的一种方式。这也成为了目标导向不同维度划分的重要理论依据。

在总结了成就情境中成功或失败的原因，Weiner 进一步将这些原因归结为三个维度：部位（内部和外部）、稳定性和控制性。比如，能力就是内部的、稳定的、不可控的因素，而努力则是内部的、不稳定的、可控的因素。当个体将失败的原因归结为能力这种稳定且不可控的因素时，个体就会对后续行为的结果做出失败的判断。而当个体将失败的原因归结为不够努力这种不稳定且可控的因素时，个体则会投入更多的努力，并对后续行为产生自信且积极的态度。

（2）成就目标理论。

成就目标是指个体为了获得或达到某一有价值的结果或目的而参与成就活动的原因，是对认知过程的计划，具有认知的、情感的和行为的结果（Elliot and Dweck，1988）。Dweck（1986）通过实验发现，儿童在面对学习过程中的困难和失败时，表现出两种截然不同的行为结果。一部分学生表现出积极进取、知难而进的状态，他们认为困难是对自身能力的挑战，即便失败也是一种发展自己能力的机会。因此这些儿童乐于运用积极的方式解决问题，迎难而上。而另一部分儿童表现出消极、无助、自卑的状态，他们认为失败是对自身能力的否定。因此这些儿童没有自信可以克服困难完成任务，而且还伴随着焦虑、厌烦和自责等负面的情绪体验。Dweck（1986）对该实验现象根本原因解释为个体对能力概念的理解不同，使他们在成就情境中追求两种不同的目标：学习目标和绩效目标。追求学习目标的个体认为自身的能力是可以培养和发展的，因此会通过掌握新的知识技能以提高自己的能力。他们注重的是满足自身能力的发展需求，不看重外在的激励。而追求绩效目标的个体认为能力是固定不变的，因此其成就目标是展现自身能力以获取正面肯定，或避免负面评价。他们注重的是满足对自身能力肯定的需求，追求比他人更高的绩效以及学习以外的奖励。

成就动机理论提出个体有两种倾向，追求成功的倾向和回避失败的倾向，使更多的学者将目标导向分为了相应的两个维度，清晰解释了不同目标导向分类的依据。基于该理论个体对事件的归因方式、对自己以及世界的内隐理论将促使人们建立不同的目标导向。

### 2.1.3　认知学习理论

认知学习理论关注的是个体在学习过程中内部认知的变化。认知学习理论起源于早期认知理论的代表学派格式塔（Gestalt）心理学的"顿悟说"。直至 20 世纪 60～70 年代，基于现代社会发展的需求，认知学习理论才真正的兴起，并形成现代认知学习理论体系，代表学派有 Bruner 的"认知发现说"、Ausubel 的"认知同化说"以及 Gagne 的"累积学习说"。

（1）格式塔学派的"顿悟说"。

Kohler 是格式塔心理学的创始人之一，其顿悟学习理论认为在学习过程中并不是简单的"刺激—反应"过程。通过对黑猩猩学习问题的实验，发现黑猩猩在没有解决问题之前，对问题情境表现出模糊的知觉。当它领悟了短棒和香蕉的关系时，才会产生连接短棒取得高处香蕉的动作。因此 Kohler 认为学习由顿悟产生。顿悟是指学习者通过观察和把握学习情境并加深理解而突然得到知识或创新，是知觉得到重新组织和构建的过程。因此通过顿悟学习到的知识具有良好的持久性。从"刺激—反应"的角度分析，"顿悟说"强调的是两者之间的组织作用，经过知觉经验中的组织结构突然改组或成为新的结构，从而产生新的知觉和思维方式。然而"顿悟说"全面否定了"尝试错误说"。而事实上，复杂的学习过程中，顿悟和试错会交替进行。

（2）Bruner 的"认知发现说"。

通过对儿童认知发展和认知学习的研究，Bruner 提出学习是旨在培养学习者的发现能力和创造能力。他认为学习的核心是"编码系统"，学习知识分为新知识的获得、旧知识的改造和检查评价知识是否恰当三个内容，且三者几乎同时发生。认知结构是内部知识结构，学习者的学习过程是获取新的经验或知识，并与原有的经验知识相结合，从而形成一个新的认知结构。因此"编码系统"在接受和组合信息的同时，将有所创造。

Bruner 还强调指出在学习过程中，学习者积极主动地构建新的认知结构。随着学习的进行，个体对认知的需求将成为重要的学习的内部动机。学习者基于兴趣的学习，将在认知和理解中获得满足感，并在完成学习目标展现个人能力的过程中获得成就感。

从学习方式上，Bruner 提倡发现学习，鼓励学习者亲自收集信息，通过自己的思考学习掌握新的知识或原理。同时，他还提倡通过掌握学科知识的基本层次结构，进行学习。他指出认识和掌握基本概念及原理是学习学科知识的核心内容。

（3）Ausubel 的"认知同化说"。

Ausubel 也认为学习是认知结构的重组，但他强调的是学习的内在逻辑关系。Ausubel 指出学习是学习者新的知识和原有的知识的相互作用。新的内在逻辑关系和原有知识的内容将发生同化和重组，并对学习者产生有意义的变化。根据新知识和原有知识之间相互作用的关系，他把学习分为下位学习、上位学习和并列结合学习三种同化模式。

根据学习过程的性质，Ausubel 把认知学习分为机械的学习和有意义的学习。机械的学习是对文字符号表面联系的理解。有意义的学习是学习者理解同化了文字符号的逻辑意义。基于学习的形式，Ausubel 还把学习分为发现学习和接受学习。其中，发现学习与 Bruner 提出的概念相近，但 Ausubel 更为提倡接受学习。他认为接受学习是学习者把已成定论形式的内容作为学习对象，并将新知识和自己原有的认知结构结合的过程。

（4）Gagne 的"累积学习说"。

Gagne 提出学习是一个累积、持续的过程，它不仅仅是学习内容的累积，也是形式上的累积。学习知识可以看成一个循序渐进的过程，其包含了动机、领会、获得、保持、回忆、概括、操作、反馈这八个有顺序的阶段。每个阶段都有不同的影响学习的外部环境因素，因此教师应该针对不同阶段的学习者安排不同的外部学习条件。

Gagne 还根据现代信息加工理论将学习过程划分为信号学习、刺激反应学习、连锁学习、语言的联合、多重辨别学习、概念学习、原理学习、解决问题八个顺次的阶段。因此 Gagne 提倡教师在实际教学中，还应当为学习者提供充分的指导，使学习的过程能按照规定的学习程序进行。

认知心理学关注人们的认知结构，认为学习是通过复杂的认知操作对认知机构进行构建和改组的过程，强调的是把握事物之间的联系和关系。因此认知学习理论是对创业学习进行分类的基础，对理解创业认知式学习有着重要的意义。在创业的复杂情境中，个体最直接的学习方式是观察他人的行为从而获取信息和技术，再通过整合和内化形成对自身有价值的知识。

## 2.1.4　经验学习理论

Kolb（1984）通过对 Lewin、Dewey、Piaget 等学者理论的研究，在其基础上系统地提出了经验学习理论。该理论影响较为深远，被广泛地应用于教育学习实践中。

1）经验学习理论的定义与特征

Kolb（1984）认为，经验学习理论为学习过程研究提供了一个基础性的、多样性的视角。但该理论并非是在行为主义学习理论和认知主义学习理论外的第三种理论，而是在此基础上建立的一个有机的、综合的观点。该理论中整合了"经验、感知、认知、行为"四个相互关联的因素。Kolb 指出学习是改造经验及产生知识的过程，经验在学习过程中发挥着核心作用。这一界定强调了学习过程中的四个重要方面：第一，强调适应和学习的过程，而不是学习的内容和结果。第二，强调知识是持续的构成与再构成的改造过程，而不是独立实体的获得或是传递的过程。第三，强调学习是改造主观形态经验和客观形态经验的过程。第四，强调要理解学习就必须理解知识的性质，而同时，要理解知识的性质就同样也必须理解学习，二者是密不可分的（Kolb，1984）。

经验学习理论包括六大特征，分别为：经验学习是一个学习过程而不是结果；是以经验为基础的持续过程；是一个适应社会的完整过程；是辩证对立和解决冲突的过程；是个体与环境交互作用的过程；是一个创造知识的过程（朱孟艳，2012）。

2）经验学习理论的基础模型

Kolb（1984）通过分析 Lewin、Dewey、Piaget 等学者关于经验学习过程的三种模型，最终提出了自己的经验学习模型，即经验学习环形模型，如图 2.2 所示。该模型由四个适应性学习阶段组成环形结构，其中包括具体经验、思考观察、抽象概括及应用实践。任何学习过程都应遵循经验学习环形模型，学习的过程就是在上述四个阶段中不断地往复循环。

图 2.2　经验学习环形模型

（1）具体经验阶段。

学习者通过实际活动掌握直接经验。在此阶段，学习者不要受制于已有经验的局限性，而应该持有开放的心态，积极参与到学习活动中，通过对问题的研究，把新旧经验串联起来。与未成年学习者相比,成年学习者具有经验丰富、学习能力参差不齐等特点。通过具体的经验,成年学习者不仅可以在具体情境活动中获取所需的新的经验,而且可以体验到学习的乐趣,有效地促进学习。

(2)思考观察阶段。

学习者根据以往的经验,从不同的角度思考和观察第一阶段获得的具体经验。在此阶段,学习者结合以往的经验、知识和理念,对形成的新经验进行思考和观察,探索新旧经验之间的关联性,认识活动和结果之间的关系。思考是成人学习者经验学习的关键,成人学习就是在探索、活动和思考中不断得到提升。

(3)抽象概括阶段。

学习者在上一阶段思考观察的基础上,对具体经验进行概括总结,形成适用于一般情况的经验法则,抽象总结出合乎逻辑的概念。与未成年学习者比较,成年学习者的经验更为丰富,教师应善于引导学习者在思考的基础上,将其以往的经验与新的经验串联起来,对这些感悟和经验进行整合与归纳,帮助学习者进一步理清和界定经验活动的成果,并使之上升到理性层面。

(4)应用实践阶段。

学习者将把上一阶段形成的新观点应用到特定情境或解决问题中去,检验其是否正确,然后将其转化成为自己的经验。大多数成年学习者都是带着自己在工作或生活中遇到的问题进行学习,他们学习的目的就是为了解决所面临的困境。因此,他们尤为关注应用实践阶段,以及工作学习活动带给他们的实际影响和改变(钱贤鑫,2014)。

3)经验学习理论在创业研究过程中的应用

在创业研究中,机会识别是该领域非常重要的研究方向,而经验学习理论则经常用于解释机会识别和开发的过程。经验学习理论指出,在学习过程中,对经验的获得和转化是最为重要的。在机会识别和开发过程中,由于个体具有不同的获得和转化信息的方式,导致了个体在该过程中存在区别。

Lumpkin 等(2004)将 Kolb 的经验式学习理论应用到机会识别的过程中,来解释个体机会识别的区别,提出了基于创造的机会识别过程模型,如图 2.3 所示。该模型将机会识别的过程分为五个阶段。

(1)准备阶段:包括两种状态,深思与无意识,即创业者通过主观思考积极挖掘机会,或创业者非主动地、无意识地发现机会。

(2)酝酿阶段:是指创业者的创新构思活动,例如构思一个具体的商业计划或现实问题。它是一种非线性的、启发式的、非意向型的思考活动。

(3)洞察阶段:是指创造终于得以转化或涌现出来。集中表现为机会发现、问题解决和观念共享等。

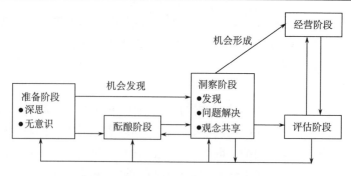

图 2.3　基于创造的机会识别过程模型

（4）评估阶段：是对创业机会的执行、生存等问题做出理性的判断，其结果将会作为反馈，与经营阶段形成一个封闭回路。

本书研究的创业学习还包括经验式学习。基于经验学习理论，创业过程中通过经验获取、转化和积累而拥有创业知识的学习行为，有利于个体对原有经验的精简和提炼，激励个体积极的思考并主动识别和开发机会。该理论是理解创业学习内容和分类、强调创业学习重要性的研究基础。

## 2.2　目标导向相关研究

基于成就动机理论、社会认知理论和目标设置理论的结合，心理学家越来越关注个体认知因素和目标对成就行为的影响，并将目标导向定义为追求特定目标时的一种倾向，它将影响个体在面对困难或失败时的行为模式（Dweck and Leggett，1988；Elliott and Dweck，1988；VandeWalle，1997）。关于目标导向的研究主要分为三个方面：一是目标导向的维度研究，二是个体特征和环境因素对目标导向的影响研究，三是目标导向作为个体的人格因素对工作绩效等结果变量的研究。

### 2.2.1　目标导向的理论发展

基于内隐人格理论，Dweck 和 Leggett（1988）提出不同个体持有的目标存在差异性，且这些目标将引导个体产生不同的反应和行为。随着成就目标理论从一因素理论向多因素理论发展的过程，目标导向的维度也从单一的成分演变为一个混杂的结构。

（1）一因素理论。

Dweck（1986）发现不同的个体在相同的任务情境中会有两种截然不同的行为反应。他将这些现象的原因归结为个体对能力概念理解的不同，使不同的个体在成就情境中追求两种不同的目标，即学习目标和绩效目标。然而，Dweck（1986）认为目标导向是一个因素变量，学习目标导向和绩效目标导向只是在同一维度中的两个相对变量。

（2）二因素理论。

基于 Dweck（1986）对目标导向的分类，一些学者认为学习目标和绩效目标是两个具有相对独立性的变量，因此目标导向可分为两个不同的维度，被称为二因素理论。Nicholls（1984）最早将这两种目标导向区分为任务卷入（Task Involvement）和自我卷入（Ego Involvement）。之后也有学者将目标导向划分为掌握目标（Master Goals）和绩效目标（Performance Goals）（Ames and Archer，1988）、掌握目标（Mastery Goal）和能力目标（Ability Goal）（Butler and Neuman，1995）作为独立的变量研究。尽管不同时期的命名不同，但是它们本质内涵是相似的。而这两种目标导向的区别主要来源于三个方面：①从认知和动机的角度出发，掌握（任务卷入）目标导向的个体认为能力是可以得到发展的，通过后天不断的努力，可以提高自身能力的水平，因此他们以学习为目的，通过掌握知识技能提高绩效。而绩效（自我卷入、能力）目标导向的个体认为能力是与生俱来的，因此他们以展现能力为目的，通过与他人的比较证明自己更优的能力，从而得到别人对自己能力的正面评价。②从情感的角度分析，掌握目标导向的个体在学习过程中始终保持着积极向上的心态和情绪。一方面他们享受成功带来的满足感和成就感，一方面即便过程中遇到困难或失败，他们也会视其为促进自身进步的机会，而更加努力的完成任务。相较下，绩效目标导向的个体在遇到困难或失败时，会视为对自身能力的否定，因此产生焦虑和羞耻等负面情绪和厌恶当前任务的消极行为。③从行为的角度出发，掌握目标导向的个体为了学习更多的知识或付出更多的努力而愿意选择具有挑战性的任务。他们注重的是任务的理解和过程，因此具有高持久性和投入性，以此更好地提高能力。而绩效目标导向的个体注重的是任务的结果。为了成功地完成任务以证明自身能力，他们倾向于选择难度较低、缺乏挑战的任务。Duda 和 Nicholls（1992）还研究了学习目标导向和绩效目标导向两个维度之间的交互关系，研究表明两种目标导向的相关系数很低，介于 0.20~0.30，为学者们把两种目标导向作为两个独立变量的研究提供了依据。因此学者们考虑的是两种目标导向在个体身上的相对水平，而不是把它们看作一个连续体的两个对立面来进行研究。

（3）三因素理论。

在对目标导向进行二因素划分的基础上，一些学者发现，绩效目标导向并不总是为个体带来消极的结果，有时也会促进个体努力的完成任务，以取得良好的绩效。因此为了更深入的研究目标导向，Elliot 和 Harackiewicz（1996）进一步将绩效目标导向划分为绩效接近目标导向（Performance Approach Goal Orientation）和绩效回避目标导向（Performance Avoidance Goal Orientation），并明确了后两者的区别。绩效接近目标导向的个体在任务过程中关注的是证明自身的能力高于他人，取得更好的绩效。因此倾向于对自身能力有利的判断，而选择一些具有挑战性的任务显示自身更高的能力。但是当任务失败或者绩效不够优秀以证明能力时，个体的动机水平和对任务的坚持就会受到影响，或因此产生消极情绪。这也是绩效接近目标导向和学习目标导向的本质区别。而绩效回避目标导向的个体在任务过程中关注是避免在与他人相较下显现的错误和不足。因此倾向选择难度和挑战性较低的任务，以回避对能力的不利判断。基于三因素理论，VandeWalle（1997）在定义掌握目标导向为学习目标导向（Learning Goal Orientation）的同时，也证明绩效目标导向分为独立的两个维度，并分别命名为绩效趋近目标导向（Performance-prove Goal Orientation）和绩效规避目标导向（Performance-avoid Goal Orientation）。

（4）四因素理论。

Elliot（1999）在三因素理论的基础上，分别将"掌握—绩效"和"接近—回避"这两个层面交错搭配，形成了一个2×2的成就目标理论模型，提出了掌握回避目标导向的概念。他认为在任务过程中，持有该目标导向的个体大多为完美主义者，因此会极力避免不能完成任务的情况或任何错误的发生。这些个体虽然愿意在任务中付出努力，但是他们对自身的要求很高，不允许失败。一旦发生错误，他们就会出现焦虑、羞愧等负面情绪。因此掌握回避目标导向的个体会回避挑战性过强的任务。

（5）多因素理论。

多因素理论的提出起源于社会目标导向的提出。Maehr 和 Nicholls（1980）指出个体的成就动机中包含了对社会期望的知觉。而社会目标导向通常是指在复杂社会的大背景下，个体为了发展社会关系、获取社会认同、遵从社会道德意识等社会因素而参与或者避免参与任务的一种倾向（Urdan and Maehr，1995）。学者们认为个体在对自身能力和目标价值做出评价时会参照整个社会的价值尺度和标准。因此在掌握目标导向和绩效目标导向不足以解释个体的行为表现时，考虑社会目标导向带来的影响因素有利于更全面的理解动机和成就。

Ford 和 Nichols（1991）将社会目标导向划分为社会赞许目标导向（Social Approval Goals）和社会责任目标导向（Social Responsibility Goals）两个维度。前者是指个体以获得他人的认可和赞美为行为动机，后者则是以实现社会责任为行动的目的。社会目标导向的提出使研究视角从影响个体目标确定的内部因素转向了外部环境因素，扩展了该领域的研究。

### 2.2.2　目标导向前置变量的研究

目标导向是一个相对稳定的动机变量，但是仍然受到个体特征（人格差异）和环境特征的影响。因此有关目标导向前置变量的研究也分为这两个方面。

首先，从个体特征解释对目标导向的作用。Luzadis 和 Gerhardt（2011）分析个体持有的哲学观点对目标导向的影响，并指出持有低水平理念主义的个体更有可能持有学习目标导向。因为高强度学习目标导向的个体追求以最优的策略和方式完成目标，关注的并非是其行为的结果。而低水平理念主义的个体相信在学习掌握的过程中参与一些对自身不利的行为也许是有必要的，这样有助于提高自身的能力，符合学习目标导向的行为意向。而持有高水平相对主义的个体更有可能持有绩效趋近或绩效规避目标导向。Luzadis 和 Gerhardt（2011）认为绩效趋近或绩效规避目标导向的个体关注的是与他人相较下能力的展现。因此在参与行动之前他们会评估任务的情境是否有利于施展他们的能力，并以此判断和选择是否要参与这个任务。同样的，相对主义思想的个体在决定最好的行动路线之前也会评估情境因素。Harris 等（2005）在验证销售员不同的目标导向对顾客导向和工作满意度都产生了相应的作用时，还提出并分析了五种个人特征对目标导向的影响。他们指出唯物主义和学习的需求是影响学习目标导向的前因变量，而责任感、竞争力和开放性经验将影响个体的绩效目标导向，其中开放性经验起到反向的作用。Buckley 和 Chughtai（2010）则从组织认同感的角度，分析学习目标导向在组织认同感和组织结果之间的中介作用。研究指出拥有组织认同感的个体更有可能为组织付出更多的努力，因此将有利于个体形成学习目标导向。张学和等（2013）在个体创新的研究中也探讨了目标导向的作用机制。研究表明创新个性会对学习目标导向和绩效目标导向分别起到正向的作用。基于内隐人格理论，富有创造性特征的个体敢于面对挑战解决问题、参与竞争、表现能力，因此有利于发展个体的学习和绩效目标导向。

其次，从环境特征解释对目标导向的作用。目标导向通常被视为个体的特征之一。然而基于成就目标理论发现不同的机制环境将塑造个体不同的目标导向。Dweck（1986）观察指出很多目标导向的产生是通过操作发生行为的情境。竞争奖励结构（Ames et al.，1977），规范标准的流行传播（Jagacinksi and Nicholls，1987），还有评价反馈的运用（Butler，1987）等特定情境都被证明对个体目标导向类型的选取起到影响作用（Button and Mathieu，1996）。例如，Tuckey（2002）发现员工的寻求反馈行为有利于强化个体学习目标导向的形成和持续。当学习目标导向的个体寻求接收到反馈时，会试图在任务中投入更多的努力和坚持，这是一个深化学习目标导向的过程。而寻求反馈行为对绩效目标导向而言是能力低的表现，所以个体在寻求反馈的系统中会尽可能的削弱自身的绩效目标导向，起到反向的影响。从个体层面而言，对动机环境的感知就是影响个体目标导向的重要因素。可感知到的动机环境将呈现长期的社会化影响从而逐步的改变环境中个体的目标导向类型（Gano，2004）。

### 2.2.3　目标导向结果变量的研究

早期成就目标导向理论研究，被广泛应用于教学和体育的领域，成为解释学生学业和运动员成绩提高发展的重要理论依据。之后目标导向的大量文献，以个体工作的组织或者企业作为研究情境，分析目标导向在工作领域的研究意义。

目标导向研究的结果变量主要分为心理状态、行为能力和绩效三个层面。研究表明工作满意度（Joo and Park，2010；Brown and Huning，2010；Harris et al.，2005）、组织承诺（Lee et al.，2010）、自我效能（谢礼珊等，2013；王雁飞等，2004；孟慧等，2010）、学习动力（路琳和常河山，2007）、创新精神（戚立思，2010）等心理状态都受到目标导向的影响。如 Lee 等（2010）认为掌握目标导向的个体会花费更多的精力和努力在与目标相关的活动中，比如解决问题。而绩效目标导向旨在通过与他人相较，以此证明自身的能力。基于成就动机理论，这些行为将满足和发展个体成就承诺。通过实证分析发现，学习目标导向有利于情感、规范和探索三个维度的组织承诺，而绩效目标导向只对情感承诺有积极的作用。

受目标导向直接影响更多的是个体行为能力的变量。研究指出目标导向与试错行为（Markowska，2011）、寻求反馈（Chughtai and Buckley，2010）、晋升和辞职（Lin and Chang，2005）、创新行为（路琳和常河山，2007）、自我监控策略（王雁飞等，2003）、自我调节（Cellar et al.，2011）、创造力（郑雅琴等，2014）、认知能力（王雁飞等，2003）、角色创新（Curral and Marques，2009）等行为能力变量都存在相互关系。例如，Curral 和 Marques（2009）研究发现，学习目标导向的个体愿意接受挑战性的任务，并具有良好的适应性和积极的态度，符合个体创新行为产生的条件。而绩效目标导向的个体倾向反复选择自己曾经做过且能做好的任务，以此回避可能的负面评价，所以不利于创新行为的产生。

从绩效角度研究目标导向的影响，主要有工作角色内绩效（Chughtai and Buckley，2010）、个体创新绩效（张学和等，2013）等。例如，Chughtai 和 Buckley（2010）认为学习目标导向的员工会对工作付诸更多的努力，并积极参与设定目标的策略，细心规划工作进度，在困难面前不退缩。这些特征都将促进工作角色内的绩效。

还有学者将目标导向延伸至团队层面，研究团队不同的目标导向与团队内部信息交换的关系（Gong et al.，2013）和团队内目标导向的多样性与信息细化的作用关系（Russo，2012）。

## 2.3　创业学习相关研究

创业是创业者识别、评价和开发机会的过程（Shane and Venkataraman，2000）。创业者的关键作用是识别和开发机会，并应对机会开发过程中面临的各种不确定因素（Minniti and Bygrave，2001）。对机会的有效开发要求创业者投入必要的资源。Kirzner（1979）的创业理论认为，创业机会需要创业者积极的"促动"和"识别"，创业者对知识的敏感程度和识别开发能力取决于个体自身知识信息的存量和差异。Casson（1982）也认为，创业者拥有获取信息的便利渠道和优质能力，因此他们擅长对稀有资源和机会做出判断。然而，创业环境因有限理性和机会主义的存在而充满不确定性。虽然创业者拥有获取资源的优势，但是创业者个人的资源仍然是有限的，其受到信息不完全的约束。因此，创业者如何提高知识水平和创业能力、如何获取外部资源等问题成为了创业成功的关键。一些学者发现通过学习获取特异性知识，是创业者和新企业提升创业成功水平和创业导向的重要活动与行为。

基于认知的心理学，Gibb（1995）等学者定义学习是一个信息获知的真实过程，是认知的改变。也有学者指出，学习是发生在系统中能提高环境适应性的任何行为变化的过程。学习可以是有意识的，也可能是无意识的。通过对外部信息内在化的处理改变个体的经验、认知，从而导致行为的变化。人们知晓的各种知识和能力并不是天生存在的，大部分的行为是通过学习产生。同理，创业者应对不同情境、解决应用中问题的创业能力也需要学习。Minniti 和 Bygrave（2001）认为创业本质上就是一个学习过程，创业理论融合了学习理论的内容。而研究创业学习成为了揭示创业规律的一个重大课题（Cope，2003）。

### 2.3.1　创业学习的研究视角

创业学习的研究主要从经济学、心理学、社会学和行为学四个角度展开。经济学视角的研究关注的是创业学习的效果和对机会识别开发并克服新生劣势的作用；心理学视角主要研究的是创业者的认知和心理因素对创业学习的影响作用；从社会学分析的创业学习关注创业者或者新企业所在的社会情境对创业学习的影响；而从行为学展开的创业学习则主要研究创业学习的过程和方式。因为创业学习的概念最早由经济学角度提出，所以没有经典模型。对创业学习研究的模型分析是分别基于心理学、社会学和行为学提出的。

（1）基于心理学视角的创业学习经典模型。

从心理学视角研究创业学习，主要是基于社会认知理论。具有代表性的学者为 Rea 和 Carswell（2000），他们通过对创业者半结构化的访谈，记录创业者的学习经历和关键的学习事件，从心理、情感、动机、性格等方面分析创业学习形成的潜在因素。如图 2.4 所示，通过构建创业认知式学习模型，Rea 和 Carswell（2000）解释了创业者学习的核心内容和形成过程。

基于对模型中的要素关系的分析，发现信心与自信是创业学习的核心内容，也是创业目标设定的重要因素。通过对创业目标的达成，创业者的成就感又会反过来增加信心与自信。因此创业者为了达到宏伟目标，通过信心与自信、价值观与成就动机以及目标之间的相互作用，而产生学习的行为。除此之外，个体理论、知性能力、社会关系和主动学习也分别是影响信心与自信的关键因素。其中，个体理论是指基于创业者学习经历和心得形成的处事原则；知性能力是职业核心的技能和知识；社会关系是创业者学习的渠道，包括与父母、导师、员工、其他创业者等之间的网络关系；主动学习则是创业者积极、快速和广泛的学习行为和能力。

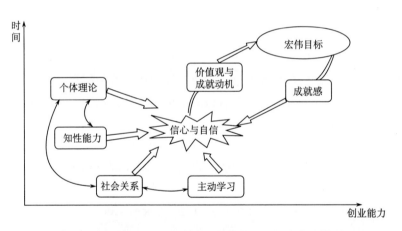

图 2.4　Rea 和 Carswell（2000）的创业认知式学习模型

（2）基于社会学视角的创业学习经典模型。

从社会学视角分析，创业者的学习是一项社会化的实践活动，是创业者日常生活经历逐步融入到实践中的过程（Lave and Wenger，1991），被称为情境学习理论。Rea（2006）从创业者与社会情境之间的互动关系出发，以社会学习理论和社会构建理论为基础，开发建立了创业社会学习理论的模型，如图 2.5 所示。

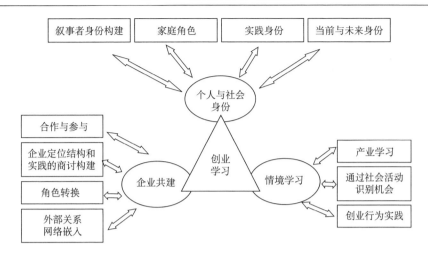

图 2.5　Rea（2006）的创业型社会化学习三要素模型

对创业社会学习的影响主要有三个方面，即个人与社会身份、情境学习和企业共建。在创业活动中，创业者对自身以及他人对自身的看法将分别从叙事者身份构建、家庭角色、实践身份和当前与未来身份这四个维度改变创业者的个体与社会身份。创业者连续的重新审视其个体与社会身份就是创业学习的一种方式和过程。而情境学习是指社会、环境和经济情境决定了创业者学习的内容、方式和应用。情境学习包含了创业者从事某一产业工作获取专业知识的产业学习、通过社会活动对机会的识别以及从经验、直觉和感知中获取知识的创业行为与实践。企业共建则指出一个企业并不是由一个人单独完成的，是与其他主体共建的结果。考虑到与企业员工、顾客、供应商、投资人等其他主体的关系，企业共建分为合作与参与、企业定位结构和实践的商讨建构、角色转化和外部关系网络嵌入四个部分。Rea（2006）认为创业是一个基于机会创造、认知和行动三者之间相互作用的连续过程。而创业学习是创业者在特定关系网络中，现实意义的重新建构和自我更新的过程，而不再是简单的知识积累。

（3）基于行为视角的创业学习经典模型。

创业学习是一个复杂的动态的行为过程。学者们通过总结创业者的学习方式和知识转化过程，从行为学角度提出多种模型。其中，Plolitis（2005）将创业者的从业经验、创业知识、转换过程和影响转换过程的因素纳入创业学习过程模型，如图 2.6 所示。

Plolitis（2005）指出创业者的从业经验包含创办企业经验、管理经验和行业的专业经验，其从机会识别和克服新生劣势这两个方面积极影响创业知识的开发。而知识转换过程在这个关系中起到调节的作用。创业者通过探索式和利用式两种知识转化的方式，分别调节从业经验与机会识别、从业经验与新生劣势的克服这两种作用路径。他还发现前期事件结果、主导逻辑或推理和职业导向是影响转换过程的关键因素，创业者的这三个因素会引导其采用不同的转化过程。

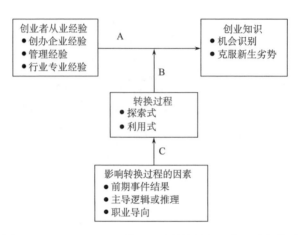

图 2.6　Plolitis（2005）基于经验转换的创业学习过程模型

从行为学角度分析创业过程的模型还包括 Corbett（2005）的创业动态学习模型、Corbett（2007）的不对称学习模型、Holcomb 等（2009）基于直接推断的创业学习过程模型、Petkova（2009）错误与失败学习模型等。

### 2.3.2　组织层面创业学习的研究

创业学习研究涉及多个层面，创业学习也呈现出个体层面和组织层面两个研究大类。组织层面的创业学习关注的是新企业及具有高创业导向的组织在机会识别与创业活动中的学习机制，包括了组织成员不断获取知识信息、改善自我、达到交流与共享、影响组织其他成员的行为过程。同时，组织创业学习还是组织在创业竞争环境中的一种创业学习的集合，它涵盖了组织内部的系统、结构、策略、流程以及文化，是为了优化组织战略目标而形成的组织体系的改变。然而，当创业学习出现在组织层面，并没有统一的定义。大多数研究者建议依据不同的学习目的理解创业学习的概念。一些近期的研究文献给出了下列定义和描述。

① 创业学习是一种组织学习，它发生在创业和新企业建立时，因此创业学习可以在组织学习框架下来理解。

② 创业学习是一个过程，组织在执行其面对创业环境采取的战略时，会得到很多经验和解决问题的方法。

③ 创业学习是一个获得、分享、利用新企业启动信息的过程。

④ 创业学习是通过识别创业机会来学习的。创业学习的目的是增加创业者和企业的机会鉴别能力。

不同的学者对组织层面创业学习的研究，因不同的方向产生不同的定义。通过总结组织的创业学习，得到以下定义：组织创业学习是一个在创业背景下的学习形式或过程，新企业探索、分享和利用创业信息和知识，对识别创业机会产生积极的影响。

对于新企业而言，有许多不同特征使他们区别于其他企业。近期的研究表明，创业学习一直停留在理论研究和框架建立上。《创业理论和实践》于 2005 年提出创业学习这个特别的变量。他们采集一些具有代表性的文章，总结了近期和未来关于学习与创业环境关系的研究。这些研究大多采用案例分析的方法以描述创业学习的有效维度。例如，Man（2006）通过一个案例指出了一些维度，包括积极寻求学习机会，持续的收入，有选择性、有目的性的学习，在交易中深入学习，通过经验来提升与反思，把学到的知识应用到现实中。相似的，Deakins（1998）提出创业学习是一个建立特殊能力的过程，这些能力包括社交、吸收经验和抓住机会、对过去战略的错误的反思、获得资源、在创业团队中的分享等。通过整合新企业及近期文献总结出的特征，得到五个测量创业学习的维度：积极寻求学习机会、外部资源获取、信息分享、经验式学习、战略试验（Chen and Li，2009）。

（1）积极寻求学习机会。

在创业过程中新企业和创业者会经历一种很强的不确定性。识别机会是创业研究领域的中心。Shane（2000）指出不同类型的知识会影响一个企业或创业者识别机会的方式。在不确定性环境下的学习行为显示出更多的探索性。新企业学习的最重要目的是去发现或创造新的创业机会。因此，新企业必须对机会更加敏感，并且鼓励企业或组织中的个体积极地学习，并寻求和创造机会。

（2）外部资源获取。

相较于一些成熟的企业，新企业并没有充足的资源对新机会进行开发。因此，他们必须（或很可能）去依赖外部提供的资源。研究显示对于那些受到严重资源约束、并不断努力从外部补充资源（例如，资金、技术、支持等）的新企业来说，他们需要发展并商业化他们的理念。创业环境中的资源缺乏并不仅仅关于资金。创业活动需要对有价值的机会频繁地做出决定。VandeVen 和 Polly（1992）指出"在管理和投资中的一个核心问题，是如何在缺乏具体资源时继续发展"。因此，在一个缺乏系统性的学习机制的环境下，新企业的外部资源学习非常重要。获取外部信息的能力代表着一个新企业学习的能力。

（3）信息分享。

新企业发展过程中的一个问题是他们要面对很强的不确定性。因此，企业或组织需要花费更多的精力以确保企业中信息和数据得到充分的分享，因为这有助于降低在明确目标、业务操作、内部交流等过程中的不确定性。学者们指出不论在新企业还是成熟的企业，信息分享都很有价值。分享意味着在所有员工中建立一个共同的愿景，而并非创业者自己。这个分享的愿景产生并证明了创业机会信息可以在整个组织中交流传递，最终为组织学习做出贡献。

（4）经验式学习。

根据 Kolb（1984）的经验学习模型，学习是一个过程，它源于经验，并不断通过经验修改完善。事实上，经验被作为学习的主要来源，且通过组织学习获得的不同经验是可以被识别的。企业的经验式学习应当与其学习方式相匹配。此外，从经验的角度解释，学习是一个理解、总结经验的过程，同时也是对特定事件的一个反思的过程，而更高层次的学习也因此产生了。所以，创业学习并不只意味着重复过去或他人的成功做法，还包含了学习者对经验的积极解读。

（5）战略试验。

新企业的学习需求与成熟企业并不相同。快速、集中、目标导向的学习，是新企业所需要的。创业初期，企业或组织会选择有效果的、能够解决问题的学习内容，来帮助自身熟悉市场及消费者等。之后新企业才会具有长期学习的需求。由于往往缺乏严格的工作划分，新企业或组织更易发生偶然事件。因此试错学习在创业过程中显得非常重要。试错学习可以使企业或组织通过试验来发现错误，并得到提升，因此企业或组织将持续地改变他们的战略以适应环境的需要。Nicholls（2000）将这种行为称作战略试错。他们将战略试错理念作为研究新企业改变和战略的概念基础，认为新企业或组织通过试验并从错误中学习的过程将会影响其改变战略的维度。

关于组织创业学习的研究还涉及种群生态学（Population Ecology）（Dencker，2009）和配置理论（Configuration Theory）（Hughs，2007）等。种群生态学本身强调的是动植物的种群数量、生理进化等与环境的相互关系。在创业学习的领域中，其将新企业视为一类种群进行研究，强调新企业在环境中可利用的资源决定了创业初期所能掌握和学习的知识，而这又往往决定了公司在环境中的适应性、生存的可能性以及今后的学习方式（Dencker，2009）。配置理论则是指企业对资源进行配置并评估，以确定该种配置能否对企业绩效做出有意义的贡献。而创业学习决定了企业资源配置对新企业绩效的提高作用是否有效（Hughs，2007）。这两种理论分别从新企业与环境的关系将决定创业学习的方式以及创业学习为资源配置对企业绩效的影响提供了判断标准，这两个角度揭示了创业学习的规律，强调了创业学习的重要性。

### 2.3.3　个体层面创业学习的研究

个体层面的创业学习关注的是创业者的认知式学习机制，是指个人获取创业数据、信息、技能或者知识的过程。无论是在新企业内部或者外部，创业学习都会使个体得到自我发展而变得更加出色、更有竞争力（Baek and Kathryn，2012）。

个体创业学习的学习方式和特征是创业学习研究的主要内容。为了成功识别机会并进行有效的开发，创业者必须获取创业知识，满足扩展个人资源的需求。而获取创业知识的过程主要通过不同的创业学习方式。Greeno 等（1996）指出创业学习包含经验式学习、认知式学习和实践式学习这三种学习方式。

经验式学习的研究基于 Kolb 的经验学习理论。经验式学习强调的是创业者基于其个体本身所积累的经验，如 Politis（2005）提出的创业者从业经验，通过反复试错等一系列过程将经验转化为创业知识，并运用于创业实践或创造新知识的过程，是一个摸索和反复试错的过程。这里所涉及的经验主要包括与创业直接相关的经验（Holcomb et al.，2009）。经验式学习在有利于创业者累积成功创业知识的同时，还帮助其总结失败的教训（Smilor，1997）。

而认知式学习的研究基于认知学习理论，是个体理解、认知、预测和利用信息的高级心理过程（Coon，2001）。认知式学习也称为观察式学习，是指创业者通过观察他人行为，将这些信息获取吸收，形成自身有价值的知识（Holcomb et al.，2009）。创业者在观察创业人士的成功案例或与他人交流中会产生间接经验，通过将所获的信息与自身原有的认知结构结合起来，形成新的创业知识之后，在恰当的时间地点模仿他人成功的行为或回避他人失败的行为。认知式学习还可分为直觉式学习和感知式学习。直觉式学习是指个体通过发现可能性，如一些抽象的或概念性的思考，来认知事物之间的关系。而感知式学习是个体基于外部的联系来认知事物和细节，如通过视觉、听觉和身体上的感觉等有形的或可分析的思考进行认知（Felder and Silverman，1988）。

因为创业者依靠自身有限的经验和单纯的模仿他人，不足以帮助创业者应对创业活动中的高度不确定因素。因此提出实践式学习，对创业者的学习行为加以补充。实践式学习是创业者通过亲身创业实践纠正已获取的知识，减小与现实的偏差，综合现有的情境，形成新的知识和经验。创业者在创业活动中根据遇到困难或特定情境的判断，首先会将通过经验式学习和认知式学习所获得的经验和知识应用于活动中。在这个创业实践的过程中，创业者会发现原有经验和现实中的差距并以此完善自己的创业知识，从而提高运用创业知识的效率。

除了这三种学习方式外，Chandler 和 Lyon（2009）运用组织学习理论将创业学习分为初始学习、经验学习、模仿学习、搜寻学习和嫁接学习五种方式。其中初始学习是创业者先前的学历教育和先前经验。

已有的个体创业学习的文献对企业员工创业学习的本质特征还缺少清晰的界定。新企业当中员工的创业学习与成熟组织当中员工的组织学习具有本质区别，创业学习与组织学习的根本区别在于创业学习主要用于提高创业活动的有效性，组织学习主要反映成熟组织和组织成员的学习过程，传统组织学习理论对于创业学习的应用价值有限，因为创业者和新企业当中的雇员执行的创业任务数量巨大，复杂性和不确定性极强，与成熟企业中的管理者和雇员相比，重复执行同一任务的可能性更低（朱秀梅等，2013）。

而且现有个体创业学习的研究对象通常为新企业的创业者，强调的是创业者在创业过程中的能动作用，而忽略了企业员工也是创业学习的主体，其学习行为的影响因素和对新企业绩效的作用机制值得深入探究。新企业当中，员工与创业者的创业学习任务也存在分工，创业者的学习更倾向于战略层面，创业者需要识别创业机会，获取和整合创业资源，把握企业的整体发展方向。员工的创业学习更倾向于业务层面，员工能够通过创业学习克服新企业的资源约束，通过获取、整合和利用创业机会和创业资源的相关知识，高效地执行创业任务，成功推出产品或服务，产出并提高企业绩效，体现员工创业学习的重要性。显然，员工创业学习存在巨大的研究空间，为了弥补这一研究不足，本书根据态度功能理论和态度内在结构理论构建员工创业学习的研究框架，甄别能够驱动员工创业学习的个体因素，探讨直接影响和中介影响。

## 2.4　本　章　小　结

本章梳理了相关理论基础和文献研究。在相关理论基础部分，对有关解释变量内涵的社会认知理论、成就动机理论、认知学习理论和经验学习理论进行了介绍和述评。在相关研究文献部分，对目标导向的理论发展、目标导向前置和结果变量的研究文献进行了梳理，从创业学习的研究视角、创业学习组织层面和个体层面的研究等方面对其进行了文献整理和总结，并提出了不足。通过本章对理论和文献研究综述的分析，明确本书研究的理论基础、厘清本书研究理论脉络，为下文提出的研究提供理论和文献支撑。

# 第3章 目标导向对员工创业学习影响的理论模型构建及假设提出

本章将首先通过相关变量概念界定，对本书研究涉及的目标导向、认知投入、工作激情、刻意练习和创业学习等变量的概念进行清晰认识；其次，本章将依据态度功能理论和态度内在结构理论，建立目标导向对员工创业学习的理论模型，并提出变量之间作用关系的理论假设。

## 3.1 相关概念界定

为了搭建目标导向对员工创业学习的影响关系模型，本章将对目标导向、认知投入、工作激情、刻意练习和创业学习等变量的相关概念进行界定，以期清楚其内涵、理解其内容。

### 3.1.1 目标导向

目标导向是一个动机构念，是指个人在追求成就的过程中持有的不同目标和动机倾向（Dweck，1986；Dweck and Leggett，1988）。有关于员工目标导向的研究来自于 Locke（1968）提出的目标设置理论（Goal Setting Theory）。该理论的研究对象为目标和意图，目标设置理论通常分为两个研究视角：一个为对目标本身特性的研究，比如目标明确性、目标难易度以及在获取目标过程中的可接受度；另一个视角则基于成就动机理论，分析个体追求成就时所拥有的目标类型和对应的行为结果。

目标导向的概念最早由 Diener 和 Dweck（1978）正式提出。之后 Dweck 等人在能力理论的基础上，将目标导向的概念引入到成就动机理论中，提出了较为完善的成就目标理论。在目标理论中，成就目标是指个体参与成就活动的原因，具体是获得或达到某一有价值的结果而实施成就行为的目的，是对认知过程的计划，具有认知的、情感的和行为的结果。Dweck 和 Elliot（1983）发现在解决困难和面对失败的情况下，一部分人会表现出"控制"的反应模式，他们视困难为一种挑战，愿意花费更多的努力和智慧去解决问题。而与其相反的是，另一部分的人表现为"无助"的反应模式，这些人认为失败是自身能力不佳的表现，遇到困难会变得更为消极。于是他们提出这样的一种理论解释该现象，个体对目标的偏好存在着差异，人们决定其目标的原因以及他们认为有效达到目标的影响因素是不同的，这些不同的反应行为模式可能是由于个体持有不同的目标导向所引起的，并将目标导向分为两大类，即学习目标导向和绩效目标导向（Dweck and Elliott，1988）。其中，学习目标导向指个体希望通过获得新的技能、掌握新形势、提高自己的能力来发展自我（VandeWalle，1997），是关注可从经验包括失败中学到什么的倾向（谢礼珊等，2013）。Dweck（1986）和 VandeWalle（1997）发现学习目标导向的个体表现符合增值理论思想（Incremental Theory），他们相信能力是可锻炼的、熟能生巧的（Tolentino et al.，2014），通过努力学习和实践经验将得到不断地发展以致成功。因而这样的个体视学习为一种目的，关注自身能力的发展。而绩效目标导向是指个体的工作动机为一些外界的因素，如与他人竞争，接受奖励、认可或者避免惩罚。他们关注的焦点是与他人相较下的能力（Hirst et al.，2011）。也有一部分学者根据个人差异提出类似的分类方法，将成就目标分为任务卷入型和自我卷入型（Nicholls，1982）、掌握目标和成绩目标（Ames and Archer，1988）、掌握目标和能力目标（Butler and Neuman，1995）。区别在于，学习目标导向、任务卷入型导向和掌握目标导向是以自己为参考标准，旨在提升和发展个人的能力，而绩效目标导向、自我卷入型导向、成绩目标和能力目标导向是以他人为参照，旨在证明自己的能力（VandeWalle，1997）。Dweck 和 Leggett（1988）根据个人目标的形成和目标选取的影响因素，提出个体对自己的内在特质如智力、能力等可控制性方面都持有一种内隐人格理论（Implicit Theory）。这也是导致两种不同目标导向的主要原因。

VandeWalle（1997）在对目标导向研究中，将绩效目标导向进一步划分为绩效趋近目标导向和绩效规避目标导向。绩效趋近目标导向是指个体为了展现自我的能力而选择自己有把握出色完成的任务，从而得到他人对自己的肯定的一种倾向。与此相对，绩效规避目标导向的个体会远离自己没有信心完成的任务，以此避免获得能力不佳的不良评价（VandeWalle，1997）。具有绩效目标导向的个体符合实体理论思想（Entity Theory），认为学习只是一种手段，视能力为一种固定不变的特质，关注的是自身能力的证实；对过程的本身不感兴趣，遇到困难和挫折时容易消极应对，甚至退缩或放弃（孟慧等，2007）；只在乎与他人相较时外在结果的成功，比如学生获得一个不错的考试分数（Luzadis and Gerhardt，2011）。之后 Elliot（1999）认为学习目标导向也可以分为趋近和规避两种，并将目标导向理论归纳为一个 $2 \times 2$ 的分析模型。学习趋近目标导向与普通的学习目标导向定义相同，为提升发展自己的能力而为之努力学习、理解和掌握知识和技能。而学习规避目标导向是指个体为了避免失去自己的能力或技术的退步,以防忘记知识、误解信息而导致无法掌握技能和完成任务（Elliot,1999；Pieterse et al.,2013）。这种情况多见于年长者,身体和认知能力有所下降使其执行曾经的任务有所困难。或者比如学生在学习一些特定的知识内容时,可能会因此忘记其他更为重要的知识,或者无法在需要的时间内完成所有知识的学习。为了避免这些情况而并非以提升自我能力为目的,这些行为即归类为学习规避目标导向。

在本书研究中,作者将员工目标导向看作员工在追求成就的过程中所持有的不同的内在动力和心理倾向,属于动机层面概念,包括累积学习目标导向、绩效趋近目标导向和绩效规避目标导向三个维度变量,如图 3.1 所示。

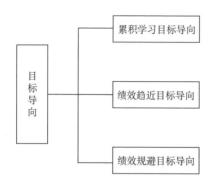

图 3.1　员工目标导向维度构成

其中,累积学习目标导向指员工希望通过获得新技能、掌握新形势、提高自己能力来不断发展自我的动机倾向（VandeWalle,1997）；绩效趋近目标导向指员工为了展现自我能力而选择自己有把握出色完成的任务,从而得到他人对自己肯定的一种倾向；绩效规避目标导向则是指员工会远离自己没有信心完成的工作任务,以此避免获得能力不佳的不良评价。

### 3.1.2　工作态度

（1）认知投入。

20 世纪 20 年代,认知（Cognition）出现在我国的心理学著作中,并被科学界、哲学界以及教育学界所广泛接受。美国心理学家 Houston 等人将对"认知"的不同理解归纳为以下几种主要的意见：①认知是信息加工；②认知是稳定的心理倾向；③认知是问题解决；④认知是思维；⑤认知是一组相关的活动,如知觉、记忆、思维、判断、推理、问题解决、学习、想象、概念形成、语言使用等。而现代认知心理学是以信息加工的观点研究认知过程,因此认知通常被简单定义为对知识的获得，包括对感觉输入的编码、贮存和提取的全过程。

心理学家 Freud（1922）、社会学家 Merton（1957）、团队心理治疗专家 Smith 和 Berg（1987）以及教育学家 Ponton 和 Carr（1999）都认为人们是通过三种方式动态地改变他们投入的程度：生理、认知和情感。而对人们行为投入的标准来源于"自我角色"的概念。Frank 和 Frank（1993）进一步解释了角色的概念，认为角色是人们自身描述"假设的世界"中"自我"的定义。他们认为，"复杂的、相互作用的价值观，以及期望、对自身和他人的想象"将引导个体的观念和行为，继而价值观和想象又反被这些观念和行为所引导，形成循环的、动态的自适应心理模型。而这个过程也与个体的情绪状态息息相关。Kahn（1990）在定义投入时也提及了自我角色，其认为人们在角色行为中生理、认知和情感的表达就是投入。而自我角色是指人们对投入生理、认知和情绪能量时接收到反馈所产生的感情。May 等（2004）在 Kahn 建立的工作基础上确定了生理、认知和情感这三种个人投入的方式。

Allport（1955）在研究中将认知投入定义为一种心理层面的有意识的认同感，指出个体支配时间和精力收集各种信息使自身成为多元的个体，以此在面对各种生活和工作境遇时增长积累经验并做出更有意义的选择。从价值观的角度分析，人们的价值观一些源自个体的内心深处，一些则是受外界环境影响的反应。Anderson 等（1986）指出个体对问题的看法取决于他们自身记忆和拥有信息所构成的价值观和信念，这也是个体对事物投入精神的频率和深度的依据。因为个体通常具有多重价值观，因此在不同的时间节点会因当时所持有不同的主导价值观而产生不同的选择，不同的情境会产生不同的注意力需求，呈现出一种动态性。比如，Goffman（1961）认为个体对组织群体的认知标准是一种起伏的状态。当处于极端状态时，个体为了避免被孤立而可能试图融入组织中，或者相反地，为了避免被组织所吞没而试图远离组织。社会、同伴和政策的压力都将伴随着个体选择的过程。

对认知投入的研究通常作为工作投入的一个维度。在工作情境中，不同的员工对工作的献身精神、工作强度和投入工作中的注意都存在着差异。因此工作投入描述了个体为工作而投入的精力和贡献。基于 Goffman（1961）的角色理论，Kahn（1990）最早提出了工作投入（Personal Engagement at Work）和工作不投入（Personal Disengagement at Work）的概念，并定义工作投入为"组织成员控制自我以使自我与工作角色相结合"，是个体扮演工作角色的一个动态及相互转化的过程，是个体对工作以及相关活动的关注程度，是积极的、有意义的、持续的一个相对稳定的认知状态（Schaufeli et al.，2002）。当员工的工作投入较高时，个体会形成自身的认知体系，将自己的精力和时间投入到角色行为中（Self-employment），并在角色中展现自我（Self-expression）。当员工的工作投入较低时，个体则会将自我抽离于工作角色之外，或者试图从工作状态中逃离，以避免自己创造出更多工作角色所需的绩效，并有可能因此产生离职意愿。Kahn（1990）认为，个体在工作角色的扮演过程中在生理、认知和情感三个层面上表达和展现自己，并分别定义为生理投入、认知投入和情感投入。其中认知投入是指个体能够保持认知上的高度活跃及唤醒状态，并能清晰地意识到自己在特定工作情境中的角色和使命。

也有学者将认知投入看作是，因为自我冲突或者自我不满导致的一种内在矛盾使个体产生改变认知和行为的意识（Rokeach，1973）。Lubell（2000）指出"认知冲突来源于利害关系方的行为，因此比如律师会解释当前不确定的形势在一定程度上与各个利害关系方的利益是一致的"。虽然这样做可能不足以减少形势的不确定性，但是却通过共享价值观创造了利害关系方对自身利益正面的认同感。与此相同的，员工工作中的认同感也是如此，因此也强调了员工工作活动和其所持有的内在价值观之间相互联系的重要性。

Amabile（1983）在创造力成分理论中对认知投入的界定为员工对信息进行深度加工，并形成新颖和有用知识的过程，包括知觉、注意、记忆、推理和决策等，可以分为问题识别、信息搜寻和编码、创意产生三个维度。而 Sani 和 Rad（2015）认为认知投入是学术投入的一个重要方面，是指主观内部流程与学术任务、教育学科相结合的过程，包含了学习策略和自我调节策略。朱红灿（2014）也认同认知投入为学习投入的一个维度。学习投入是指学生在学业任务中的参与是学生在学习中为了促进学习、理解和掌握知识、技能和技术的心理投入以及努力（Newmann et al.，1992）。而学习认知投入是学生对自己、学校、教师和同学的感知和信念。

综合以上各位学者对认知投入的概念研究，本书基于新企业中员工的工作情境，鉴于对认知过程解析的需求，可见在新企业创业活动中，员工会将自身的生理资源、情感资源和认知资源投入到同创业活动相关的工作角色中（Barrouillet et al.，2008），而这种有益于创业的认知资源投入我们称之为新企业中员工的认知投入。

（2）工作激情。

激情的研究最早来源于 20 世纪 20 年代的哲学领域，当时大多数学者认为激情是一种深切渴望和强烈情感，它可以激起人们的能力和创造力。直至 20 世纪 90 年代，心理学家开始关注激情的概念。Frijda 等（1991）认为感情的持续会成为一种长期的目标，这些情感目标需要更高的持久力并伴随着更多的风险，同时还体现了更高的个人价值，带来更多的荣誉和尊重。人们因此愿意花费大量的时间、努力和各种资源去完成这些目标，而这些目标就被定义为激情（Frijda et al.，1991）。还有一些心理学家关注的则是与激情相似的概念。例如，行为成瘾（Sachs，1981）、卷入（Kanungo and Misra，1988）、积极和消极依赖（Glasser，1976）等。

激情总是和"爱"相关联，比如在恋爱关系中的爱情，抑或是对工作的热爱。后期社会心理学家认为激情是一个包含情感、认知和行为内容的动机构念。20世纪末，Vallerand等（2003）对激情的概念进行了重新的总结，他们将激情定义为个体对他所喜爱的、认为重要的、投入时间和精力的活动所具有的一种强烈倾向。类似的，Perttula（2003）认为激情对个人的工作而言是由强烈积极的情感、内部驱动力以及对有意义的工作活动全身心的投入这三者所产生的一种心理状态。从定义中可以看出激情是帮助引导个体注意力和行为的一个动机概念（Chen et al.，2009）。具体解释为，个体拥有一个喜爱的目标，其在为之付诸一系列活动的同时将体现出个人的内外在价值。比如，一个人可以喜欢帮助他人，这是他喜欢的目标。于是他为各种慈善机构做义工或者筹款，这是他付诸的行动。而这一系列的活动反映了他的仁爱和善行，是体现个人价值的过程（Schwartz and Bardi，2001）。

Vallerand等（2003）将一般激情的概念引入工作领域，定义工作激情为个体对工作活动的一种强烈倾向和情绪，并为之投入时间和精力。但由于工作激情的内涵非常丰富，因此学者们对工作激情持有不同的定义。Ho等（2011）将工作激情定义为一种包含情绪和认知因素的工作态度，表现为对工作强烈的喜爱之情并感知到工作对个体具有重要的意义。Perttula和Cardon（2011）认为工作激情是一种以体验到强烈的积极情绪、认知到工作的内驱力和个体与工作之间存在有意义的关系为特征的心理状态。而Zigarmi等（2009）将员工工作激情看作是员工通过对工作和组织情境建立认知和情感评价而产生的一种持久的、充满着正面情绪和意义的幸福感状态。而这种状态将导致员工持续的并具有建设性的工作倾向和行为。虽然上述概念不尽相同，但是仍然延续了激情为动机变量的理念，涵盖了情感、认知和行为内容的元素。

Vallerand等（2003）在对工作激情概念研究的同时，还对工作激情的类型进行了深入探讨，并提出了工作激情的二元模型。该模型指出个体可能经历两种完全不同的激情：和谐式与强迫式。两者本质的区别在于和谐式激情来自于从事活动外部动机向一个人的内部一致认同的自主性内化过程，而强迫式激情来源于控制性内化过程。和谐式激情指的是个体有选择权的、自由的参与一项活动的强烈的动机倾向（Vallerand et al.，2003）。虽然这是一种强烈的倾向，但是对活动的参与依然在个体的控制之下，比如个体可以自由的控制从事活动的时间（Ho and Pollack，2014）。自主性内化过程就意味着个体在没有任何附加的权变因素的情况下，自由的接受活动对自身的重要性。个体参与活动是因为追求活动本身的特质，比如活动是一个富有挑战或者充满愉悦的过程，而不是因为活动外在的因素或者完成活动所能带来的结果（Sheldon，2002）。因此，这些富有激情的活动在个体的认同中占据了一个重要但不是压倒一切的地位，对活动的参与也在个体的控制之下。

相反，虽然强迫式激情也是对从事活动的一种强烈倾向，但是这种倾向和欲望是个体所无法控制的。这样的激情本身来源个体内化过程中的控制力和压力。虽然个体喜欢参与这些活动，但是个体感受到的活动重要性和内化的强迫性是因为活动所能带来的结果。因此一些附加的权变因素控制着个体，使他们不得不去从事这些激情的活动。当这种控制力占据了个体认同中的主要地位，这种激情将和生活中的其他活动产生冲突，比如导致极端的固执和冒险性的行为，甚至做出不明智的决定（Philippe et al.，2010）。和谐式激情和强迫式激情都反映了个体对追求喜欢或者热爱的活动所产生的欲望，但是两者的不同之处为和谐式激情的个体控制着参与的活动，而强迫式激情的个体被参与的活动所控制。

在新企业中，员工的工作激情也可以依据企业家工作激情的分类分为发现激情、创建激情和发展激情。其中，发现激情是在发现新产品、新服务相关的活动中体验到工作激情，创建激情是在建立新企业相关活动中体验到的工作激情，发展激情则是在企业发展、实力提升相关活动中体验到的工作激情（Cardon et al.，2013）。

综合上述有关工作激情的研究，本书将工作激情界定为员工对新企业创业活动中承担工作的一种强烈的正面情绪状态，包括强迫式激情和和谐式激情两种（Vallerand et al.，2003）。其中，强迫式激情是员工在强烈的外部动机驱动下表现出的不受自我控制而不得不去参与工作活动的积极情绪状态（张剑等，2014），而和谐式激情则是员工有选择权的、自由从事工作活动的强烈情绪状态（Seguin et al.，2003）。

（3）刻意练习。

刻意练习的提出，源自专家的杰出行为取决于"天赋"还是"训练"的争论。Galton 认为，遗传因素决定着个人所能达到的行为水平。这种天赋决定论的观点在近百年来相当流行，基因的影响被认为是导致个体身体结构、神经系统乃至成就水平不可变结果的决定性因素。然而，亦有众多来自运动、绘画和音乐等领域的研究证据表明个体一生发展的长期历程中，杰出行为的重要特征是通过经验获得的，且训练对行为改进的作用远比早先预想的大（Chi et al.，1982），基因并不能决定个体一生最终所能获得的成就。而专业专长研究者认为，训练对专长的获取、专业绩效的提升起到决定性的作用。

Ericsson 等（1993）首次系统地提出刻意练习的概念框架以解释杰出行为和

专业表现的获取方式。这个框架并不认为专业的表现来源于天赋和经验，而是来源于大量刻意练习的积累。学者们利用心理学的教育、学习认知论解释应用技能的杰出行为，并提出刻意练习是以提高绩效为明确目标的高强度结构活动。这些活动是通过有利于提升现有表现水平而反复改进和精心设计的特殊任务，通过提供立即的反馈和与结果绩效相关的知识继而指导活动行为，以此达成更高的绩效，因此为学习知识技能提供了最佳机会。研究表明刻意练习是需要付之努力并缺乏内在娱乐性的活动。个体完成练习的动机就是提高绩效（Ericsson et al.，1993）。因此，刻意练习的目标是明确的，即提升能力。我们可以通过采取一些特定练习内容来达到这个目标，比如关注现有表现的缺点、提供改善和提升关键技能的机会。与一些其他学习活动相比（如参加训练课程），刻意练习是一种连续的、经常性的活动。

　　刻意练习和日常生活中的活动有着明显的区别。第一，个体参与活动并付诸有意识的努力，其动机是提高绩效水平。以工作和玩耍这两个日常生活为例。工作中的各种公众的活动、竞争和服务也需要个体表现出最佳的绩效，然而，促进个体费时参与工作活动的动机是收获的薪资或者一些外在的或客观的奖励，比如社会认同感。而玩耍的活动通常没有明确的目的，而只是为了获得一些快乐。第二，刻意练习是个体长期重复进行相同或相似的任务的活动。个体必须进行集中准备（Intense Preparation）方可成为专家（Chase and Simon，1973）。Ericsosn 等（1993）也指出长期性是拥有专业绩效必要的条件。第三，刻意练习的设计应当充分考虑学习者已有的知识。研究证明即便个体具有相应的动机，且活动具有长期的重复性，仍不能确定个体最佳行为水平的获取。工作中的个体需要在规定的时间内有所表现，所以倾向重复依靠早先已掌握的方法和知识解决问题。而刻意练习具有适当的挑战性，因此个体将以原有的技术知识作为基础，进一步主动探索新的、更有效的方式提高绩效。第四，刻意练习的个体会及时接收信息的反馈并对现有行为进行修正。因为刻意练习所需的技能具有复杂性，所以随着练习的重复和增加，逻辑上可行的完成方式会产生偏差，而需要反馈得以修正。反馈呈现多种形式，通过组织练习的反应和指导将使练习的个体达到最佳训练方式。第五，刻意练习不具有内在娱乐性。尽管一些活动本身是具有吸引力的，但连续的重复会导致习惯性和疲劳性。然而也有学者指出刻意训练的娱乐性随领域、专长水平、任务难度及人际互动的变化而变化，不能一概而论。因为随着个体专长水平的提高，刻意练习的任务就变得相对简单，且个体将意识到刻意练习所带来的益处，因此更愿意投入刻意练习。

　　刻意练习概念不只可以被应用于音乐、体育等方面，还可以被应用于工作方面（Sonnentag and Kleine，2000）。当把刻意练习概念应用于工作环境，我们必须区分一般活动和刻意练习活动。所谓的一般活动，是指那些以直接完成任务为目标的活动，典型的例子包括阅读用于完成任务的相关材料、就问题的解决方法询问同事等。这些活动不具有重复性，也不以提升能力为目的。相对的，刻意练习则是指那些以提升个人能力为目标的定期的活动。例如，一个人经常性地通过阅读、学习来提升个人长期的知识储备，而非为了完成眼前的工作任务。因此如果一个人不是为了解决眼前问题咨询同事，而是为了学习同事解决问题的方式方法，并且因此规律性地、经常性地向同事进行咨询，这种活动就是刻意练习。这一特征是与其在音乐、体育领域类似，只有以提升能力为目标的、经常性的活动才能被称为刻意练习。

在本书研究中，作者基于刻意练习的特征，将刻意练习看作是员工在创业活动中以提高工作绩效而持续开展大量工作的行为意向，反映员工对创业活动的一种积极行为态度。在新企业创业活动中，不仅难以获取外部资源，企业内部的资源结构和开发能力也极不稳定，员工从事的工作也充满了非结构化、高度复杂性和不可借鉴性。在此背景下，员工需要从事大量的刻意练习活动，比如完成任务的前期预备工作、从领域专家处收集信息、寻求反馈等。

### 3.1.3　员工创业学习

创业是创业者识别、评价和开发利用机会的过程（Shane and Venkataraman，2000），学习是一个信息获知的真实过程，是认知的改变（Gibb，1995）。创业学习通常是指在创业过程中的学习行为（Holcomb et al.，2009），但是迄今关于创业学习学术界并没有统一的概念。Deakins 和 Freel（1998）是较早提出创业学习概念的学者，他们把创业学习定义为创业者在创业过程中为提升网络化能力、总结经验、反思既往战略、认识认知失误、获取资源、吸收外部成员加入创业团队等而进行的学习。后来，Rae 和 Carswell（2001）把创业学习描述为个体在识别和开发机会以及组建和管理新企业的过程中重构新方法的过程。他们提出了一些颇具代表性的观点，认为机会和现实生活中存在的问题会引发学习，学习既是个体自身又是社会化的行为过程。基于现有知识的学习有助于产生新的想法、发现新的可能性和创立新的理论。Minniti 和 Bygrave 在 2001 年完成了一项比较经典的创业学习研究，因而被后续学者广泛引用。他们认为创业者不仅要为了总结成功的经验而进行学习，而且还必须从失败中吸取教训，并且把创业学习定义为能够增强创业者自信心并提升其知识集合的行为过程。

目前，学者们还远未能就创业学习的内涵达成共识。一部分学者把创业学习看作是创造知识的过程，如 Cope（2005）、Hamilton（2011）、Minniti 和 Bygrave（2001）以及 Politis（2005）等学者认为创业学习是创业者获取、积累、创造知识的过程；而另一部分学者则从知识获取途径的角度来理解创业学习，如 Cope（2003）、Crick（2011）、Holcomb 等（2009）、Petkova（2009）认为创业者可通过观察他人行为、积累经验（尤其是总结失败的教训）、试错等方式来学习和掌握知识。虽然以上学者对创业学习内涵的理解还存在一定的分歧，但他们都把获取创业知识看作是创业学习的结果（Politis，2005）。现有的创业学习研究在分析层次上也存在分歧。绝大部分学者都把创业学习看作是个体层面的概念，即认为创业学习是创业者的个体行为。但也有少数学者认为，创业学习研究不应只针对创业者，而应该针对新企业的总体行为，如陈文婷和李新春（2010）、刘井建（2011）等都持有这种观点。值得一提的是，这些学者对于组织层面创业学习的理解与组织学习的概念极为相近。

在本书研究中，作者将从员工的角度提出创业学习的概念。因为创业者和企业的员工都是创业学习的主体，创业者的个体创业学习主要是识别创业机会，获取、协调和整合创业资源，制定企业发展的战略，更注重于新企业成长中的决策问题。而员工的创业学习通常发生在任务的执行过程中，更倾向于对企业内部匮乏的资源进行整合利用。员工通过创业学习提高业务水平和工作效率，为提升企业绩效提供了基础和保证。因此在面临资源约束、没有绩效记录、产品或服务难以取得顾客信任的新企业中，员工创业学习对于新企业高质高效地推出产品或服务具有至关重要的作用。基于此，根据 Young 和 Sexton（2003）以及 Muhl（2002）对创业学习和员工的定义，本书将员工界定成为他人工作以获取薪资或其他报酬方式的人员，将员工创业学习界定为员工在新企业当中获取、吸收和利用创业知识的行为。根据单标安（2013）对创业学习三个维度的划分，本书指出员工创业的经验式学习是员工在新企业通过反复试错等一系列过程将原有的从业经验转化为完成创业任务的知识，并运用于创业工作实践或创造新的创业知识的过程。员工创业的认知式学习是指员工通过观察他人行为，吸取有利于完成创业任务的信息，并形成自身有价值的创业知识。而员工创业的实践式学习是指员工通过亲身的创业实践活动完善原有的创业知识，纠正知识与现实的偏差，形成新的创业知识和经验。

## 3.2　目标导向对员工创业学习影响的理论模型构建

在界定了理论模型涉及的多个基本变量概念后，本节将依据社会心理学研究中的态度功能理论和内在结构理论，构建目标导向对员工创业学习影响的理论模型框架。

### 3.2.1 模型建立的理论依据

新企业目标导向对员工创业学习的影响关系研究需要依据科学、严谨的理论逻辑，构建员工目标导向和个体创业学习各变量间的影响作用关系模型需要借鉴相关社会科学研究中的一些理论研究范式。基于此，作者经过广泛的文献资料阅读，发现态度功能理论和内在结构理论可以用于支撑本书研究的模型构建，以下将对此内容进行详细阐述。

（1）态度功能理论。

在社会心理学研究中，态度是一个广受关注的概念，主要用于解释人类社会行为产生的原因（Allport，1935）。在众多有关态度的研究中，有一些学者对态度产生的心理动力进行了探讨，试图去解释什么样的需要和动机影响态度的表达，这些成果就被总结成为态度功能理论。态度功能理论研究普遍认为，态度的存在主要是为了满足个体的心理需求（Olson and Zanna，1993）。Katz（1960）在其研究中将这种态度功能化研究进行了详细划分，提出了著名的态度功能理论模型。

Katz（1960）提出的态度功能理论模型（图 3.2）主要是从个体需要满足的角度来构建的，认为人们内在的需求会形成不同的个体态度，而这种态度能够使人们对相似的事物产生一致的外显行为；根据人们内在需要或动机的差异，其自身态度也具有不同的心理功能，包括调整功能、价值表达功能、自我防御功能和知识功能四个部分，即为态度的四大功能模型。其中，调整功能也称为适应功能，指态度能够满足人们从外部环境中获取奖励、避免惩罚的需要，强调个体态度对外部客观事物的分类作用，旨在最大化个体兴趣、最小化外部惩罚（Shavitt,1989）；价值表达功能指个体可以通过态度来明确地进行自我内在价值观和自我概念的表达，强调态度对个体自我表达和自我实现心理需求的满足，具有积极的表现功能；自我防御功能指态度可以有效帮助个体合理缓解外部冲突引起的内在心理恐慌，起到捍卫自尊的功能，强调态度既可以拒绝引起焦虑的外部事件，又可实现内在冲动调节（Eagly and Chaiken，1993）；知识功能则是指态度能够满足人们对外部环境进行清晰明确认识的需要，能够简化人们对外部复杂环境和模糊信息的认知，强调态度对个体知识需要的满足，是对其他功能的服务（Fazio，1989）。

基于态度功能理论，本书研究将目标导向视为员工的内在动机，反映了员工在完成任务中的心理需求，因此不同的目标导向类型将形成个体不同的工作态度，以此完成态度的各种功能。根据该理论，本书研究构建目标导向对工作态度的影响路径关系。

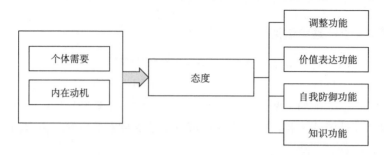

图 3.2　Katz（1960）提出的态度功能模型

（2）态度内在结构理论。

在社会心理学研究领域中，态度和行为的关系是态度研究的重要内容之一。早期学者们认为，态度是人们内心的准备状态，对个体的行为具有指导性或动力性的影响（李林，2006）。但是，许多学者对此都提出了异议，认为态度和行为之间存在着很高的不一致性的结论（Lapiere，1934；Wicker，1969）。Taylor 等（1997）、Micherhe 和 Delamater（1999）在研究中曾认为，态度预测行为时需要考察态度的自身特性。Rosenberg 和 Hovland（1960）、Millar 和 Tesser（1986）以及 Myers（1993）在对两者关系研究中提出了态度内在结构理论，认为态度是一个多要素构成的综合概念，多个要素间评价的一致性能够有效预测个体的行为。

Rosenberg 和 Hovland（1960）在对态度的研究中指出，态度是个体以特定的多种反应方式对外部刺激做出的内在预先反应倾向，包括认知、情感和行为意向三种要素。外部对个体的刺激是一种独立变量，个体的反应是一种包含情感、认知和行为意向在内的依从变量，而态度的三种要素则是外部刺激和个体反应的中介变量，如图 3.3 所示。Millar 和 Tesser（1986）也认为，同一时点上态度内在要

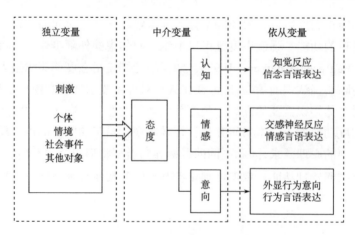

图 3.3　Rosenberg 和 Hovland（1960）提出的社会态度行为模式

素间评价和实际行为的结构可能是不一致的，但是当两者的结构一致时，比如态度同行为的认知和情感层面结构同质时，态度可以有效预测行为。

Myers（1993）在对态度的研究中，将态度界定为个体对人或事物的一种喜欢或不喜欢的评价性反应，包括认知、情感和行为意向三个维度。其中，认知因素是个体对态度对象评价意义性的叙述，包括认识、理解、相信以及赞成等；情感因素则是个体对态度对象的一种情感性体验，包括尊敬、喜欢、同情等；行为意向因素是个体对态度对象的行为准备状态,即个体对态度对象做出的行为反应。Myers（1993）认为态度是从认知、情感和行为意向三个要素综合概化而产生的评价性概念，这些内在要素评价的一致性能够有效地反映态度的形成和变化，进而能够预测行为。

基于态度内在结构理论，态度即包含了个体的心理体验，又涵盖了人们的行为倾向，是一个多要素的变量。而工作态度是个体对工作各方面的心理倾向，包括认知、情感和行为意向三个层面。本书研究借鉴该理论将认知投入作为反映个体认知成分的变量，用工作激情表达个体对工作的好恶程度的情感层面，并加入刻意练习变量说明员工对工作任务的反应倾向和学习行为的准备状态。同时，态度的认知、情感和行为意向这三个要素的评价能够有效预测个体行为的产生和变化，其中包括学习行为。因此根据该理论，本书研究还构建了工作态度对员工创业学习的影响关系。

## 3.2.2　理论模型的构建

从态度功能理论和内在结构理论可以看出，个体需要或者动机是其态度形成的内在动力，能够影响个体对外在事物态度的形成，而这种态度的内在要素评价能够预测个体的外显行为反应。基于这一理论研究思路，本书认为：新企业中员工的目标导向能够影响他们在创业活动过程中的认知、情感和行为意向态度，而这三个层面态度要素的评价能够促进个体层面上创业学习行为的产生。由此构建出新企业目标导向对员工创业学习的理论模型框架图，如图 3.4 所示。

首先，员工目标导向是员工在追求成就的过程中所持有的不同的内在动力和心理倾向，属于动机层面概念，包括累积学习目标导向、绩效趋近目标导向和绩效规避目标导向三个维度变量。其中，累积学习目标导向指员工希望通过获得新技能、掌握新形势、提高自己能力来不断发展自我的动机倾向（VandeWalle，1997），同态度的知识功能相对应；绩效趋近目标导向指员工为了展现自我能力而选择自己有把握出色完成的任务，希望从而得到他人对自己肯定的一种倾向，同态度的价值表达和调整功能相对应；绩效规避目标导向则是指员工会远离自己没有信心完成的工作任务，以此避免获得能力不佳的不良评价，同态度的自我防御功能相

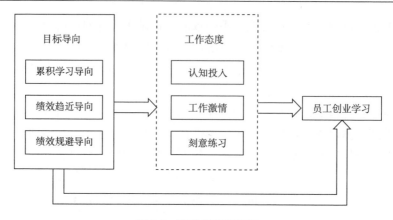

图 3.4　研究框架模型图

对应。因此，从态度功能理论角度来看，在这三种目标导向动机驱动下，员工将会对创业活动表现出不同的内在态度。

其次，工作态度是员工对创业活动所产生的综合性评价，包括认知、情感和行为意向三个层面的要素（Hodgetts and Altman，1997）。在本书研究中，作者将认知投入、工作激情和刻意练习分别作为员工工作态度在认知、情感和行为意向层面上的要素。其中，认知投入是指员工在创业活动中认知资源投入的程度，能够引发自身对创业知识的积极认知行为；工作激情是个体对创业活动的一种强烈的正面情绪状态，将会促进员工对创业活动产生表达积极情感的行为；刻意练习是指员工在创业活动中提高工作绩效而持续开展大量工作的行为意向，反映员工对创业活动的工作态度，能够直接影响员工创业学习行为。因此，从态度内在结构理论来看，认知投入、工作激情和刻意练习将会正向影响其个体的创业学习行为。

最后，员工创业学习是员工在新企业创业活动中获取、吸收、储存和运用创业知识的行为过程，员工内在工作态度多层面要素综合评价的外显行为表现。因此员工累积学习目标导向、绩效趋近目标导向和绩效规避目标导向这三种不同的动机，将通过员工对创业活动的认知、情感和行为意向的工作态度层面要素影响个体的创业学习行为。

## 3.3　目标导向对员工创业学习影响的理论假设

根据上文提出的新企业目标导向对员工创业学习影响的模型框架，本节将通过对该模型框架中各主要研究变量间具体作用关系的深入分析，提出目标导向对员工创业学习影响的关系假设，详细的变量间假设关系如图 3.5 所示。

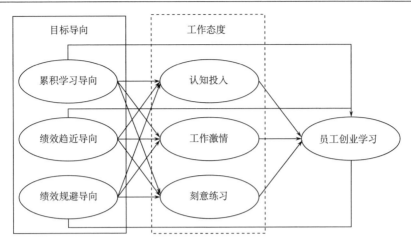

图 3.5　研究变量间假设关系图

### 3.3.1　目标导向对员工创业学习影响关系的假设

目标导向是一个动机变量，可以预测个体在学习过程中精力的分配。目标导向通常分为两大类，即累积学习目标导向和绩效目标导向。累积学习目标导向指个体希望通过获得新的技能、掌握新形势、提高自己的能力来发展自我（VandeWalle，1997），是关注可从经验包括失败中学到什么的倾向。Dweck、Leggette（1988）和 VandeWalle（1997）发现具有累积学习目标导向的个体持有渐近累积理论，相信能力是可锻炼的、熟能生巧的（Hirst et al，2011），通过努力学习和实践经验将得到不断地发展以致成功，视学习为一种目的，关注自身能力的发展。

持有累积学习目标导向的员工认为成功或者失败取决于自己所付出努力的程度（Aamir and Buckley，2010）。因此他们通常会设定更高的目标，并为之而奋斗（Hirst et al，2011）；喜欢更富有挑战性的工作，尝试不同的工作方法以选取最优的方案；即使遇到挫折也能表现出适应的状态，视完成工作任务为宝贵的学习机会和过程（Luzadis and Gerhardt，2011），并继而坚持，解决困难。在这个过程中，这些员工会花更多的时间去收集信息，学习知识，掌握和提高技能，以克服阻碍完成工作任务（VandeWalle，2001）。即便结果失败，他们仍然会认为有自我进步的价值而不气馁，更加努力地学习技术，增加知识面，为下一次能完成任务而做好充分的准备（Aamir and Buckley，2010）。同时，累积学习目标导向为主的员工欢迎他人对自己做评价和反馈，因为他们认为他人的建议和反馈对于提高员工自身能力至关重要，能从中吸取经验教训以此掌握更多的学识和本领，而这本身就是一种学习。对新企业而言，员工的累积学习目标导向对创业学习行为的驱动作用更为明显，累积学习目标导向能够促进员工积累并更新机会开发和资源整合所需的知识，尝试不同的实验和试错方式以提高和完善员工创新能力，从而促进员工的创业学习（Hoang，2013）。

而以绩效目标导向为主导的个体，他们完成工作任务的动机通常为一些外界的因素，比如是为了与他人竞争，为了接受奖励、认可或者是避免惩罚。他们关注的焦点是与他人相较下的能力（Aamir and Buckley，2010）。绩效目标导向又可分为绩效趋近目标导向和绩效规避目标导向。绩效趋近目标导向是指个体为了展现自我的能力而选择自己有把握出色完成的任务，希望从而得到他人对自己的肯定的一种倾向。相反的，绩效规避目标导向的个体会远离自己没有信心完成的任务，以此避免获得能力不佳的不良评价（VandeWalle，1997）。具有绩效目标导向的个体持有实体理论（Entity Theory），认为学习只是一种手段，视能力为一种固定不变的特质，关注的是自身能力的证实；对过程的本身不感兴趣，遇到困难和挫折时容易消极应对，甚至退缩或放弃（孟慧等，2007），只在乎与他人相较时外在结果的成功（Luzadis and Gerhardt，2011）。

具有绩效趋近导向的个体，更愿意寻求自己可以胜任的工作任务，希望自己的表现和能力可以得到正面的评价，从而达到一个令自己满意的结果（Luzadis and Gerhardt，2011）。绩效趋近导向所注重的是任务的结果和能力的展现，从而得到他人的赞许（Hirst et al，2011）。而个人的能力往往需要知识的学习和积累。新企业在成长过程中，不仅难以获取外部资源，企业内部的资源结构和开发能力也极不稳定（Aldrich and Martinez，2001）。所以绩效趋近导向的员工面临着资金、信息和技术等资源的局限性以及创业者初期管理模式的不完善所带来的挑战。为了拥有出色的表现和获得满意的评价，这些员工必须更加积极主动地识别和把握机会，充实自己以确保能力的体现，而进行创业学习。

相较于绩效趋近导向，在完成任务的过程中有些个体所关心的是避免负面或者消极的评价。这类员工所拥有的倾向为绩效规避导向。他们会尽力避免可能发生的错误或者失败，以证明自己拥有足够的能力（Luzadis and Gerhardt，2011）。因此当其遇到挫折或困难时容易产生消极反应并退缩（孟慧等，2007）。然而学习通常意味着获得新的知识和技能，而在这些知识技能转化为能力的过程中，本身就包含了失败的风险性。而且员工往往要在经历挫败的过程中，才能更新和积累知识和经验。这是绩效规避导向为主的员工所不能接受的。因此我们提出如下假设。

H1：累积学习目标导向对员工创业学习具有正向影响；

H2：绩效趋近目标导向对员工创业学习具有正向影响；

H3：绩效规避目标导向对员工创业学习具有负向影响。

### 3.3.2　员工目标导向对认知投入影响关系的假设

在新企业创业活动中，员工会将自身的生理资源、情感资源和认知资源投入到同创业活动相关的工作角色中（Barrouillet et al.，2008），而这种有益于创业的认知资源投入我们称之为新企业中员工的认知投入。从认知心理学的角度来看，认知的过程是个体对复杂信息的加工处理过程。而在认知投入中，员工是创业信息加工的主体，处于整个认知过程的中心位置，其个体的差异性对复杂的信息加工过程和信息加工效率具有重要的影响作用（杨浩和杨百寅，2015）。员工目标导向是员工在新企业创业活动中追求成就的不同目标动机，对创业活动中个体的认知投入具有不同的影响作用。

首先，累积学习目标导向是员工希望通过不断的实践活动获得新技能、掌握新形势、提升自身技能的动机取向。持有累积学习目标导向的员工认为，成功或者失败取决于自己所付出努力的程度（Aamir and Buckley，2010）。因此，在企业创业活动中，这些员工通常会设定更高的工作目标、承担更具挑战性的工作任务（Hirst et al.，2011），他们通常会感知并认同创业活动的工作意义，并为了有效实现工作目标和任务激励自己在工作中投入更多时间和精力（Shalley and Zhou，2008），努力收集相关信息、获取知识和提高技能（VandeWalle，2001），这就形成了高质量、高水平的认知投入。因此，本书认为累积学习目标导向的员工在创业活动中将会表现出积极的认知投入。

其次，绩效趋近目标导向是员工为了展现自我能力而选择自己有把握出色完成的任务，并希望得到他人肯定的一种目标动机。持有绩效趋近目标导向的员工更加关注自身能力的证实。在新企业创业活动中，组织内部的各种资源结构和开发能力均处于极不稳定的状态，内部员工将会面临资金、信息、技术及管理等方面的局限性（Aldrich and Martinez，2001）。在此背景下，员工只有投入大量认知资源去收集和整理创业活动的工作信息，才能够认清工作任务的胜任程度；只有积极主动地去识别、获取和开发各种机会，才能够出色地完成创业活动，达到自己满意的工作结果，从而获得对自己能力的正面评价（Luzadis and Gerhardt，2011）。因此，本书认为具有绩效趋近目标导向的员工在创业活动中将会表现出积极的认知投入。

最后，绩效规避目标导向指员工远离自己没有信心完成的工作，以此避免获得能力不佳的不良评价（VandeWalle，1997）。持有绩效规避目标导向的员工对工作过程不感兴趣，关注避免负面或者消极的评价。因此，在这种目标动机下，员工在创业活动中将会选择其能力所及的工作任务，而规避高目标、高难度的工作；

在工作过程中，存在得过且过、不求有功但求无过的工作心态，遇到挫折和困难时，容易产生消极应对和主动退缩（孟慧等，2007）。在这种绩效规避目标动机驱动下，员工将能力视为一种固定不变的特质，在创业活动中将会避免自身认知资源的高度投入。因此，本书认为绩效规避目标导向的员工在创业活动中将会表现出消极的认知投入。

许多学者在研究中也探讨并验证了员工目标导向对认知投入的影响关系。宋亚辉（2015）在对工作激情影响员工创造性绩效的中介机制研究中，对员工目标导向影响认知投入的关系进行了检验。他们在研究中提出的掌握趋近目标导向、成绩趋近目标导向和成绩回避目标导向同本书中的累积学习目标导向、绩效趋近目标导向和绩效规避导向相一致，认为这三种目标导向能够显著正向影响员工的认知投入；但是在实证检验中并未得到完全证实，特别是绩效规避目标导向对认知投入的正向影响关系没有得到全部验证。Kahn（1990）在对工作投入研究中指出，认知投入是工作投入的一个重要维度，受到心理意义、心理安全和心理可获得性影响。其中，心理意义指员工对工作目标的价值及其同自身标准的关系的评价，心理安全则表示员工对利用各种资源完成工作、表达自我、而不担心负面后果的一种信念，心理可获得性表示员工自信自己拥有生理、认知和情感等资源完成特定工作任务的心态。可以看出 Kahn 提出影响认知投入的三种心理因素同本书研究中的三种目标导向具有相似含义。May 等（2004）在对工作投入的研究中也指出，心理意义、心理安全和心理可获得性等心理状态变量对员工认知投入有不同的影响作用。张轶文和甘怡群（2005）在对 Utrecht 工作投入量表的信效度检验中指出，中国情境下工作投入和应对策略的结果更加符合预期，也就是说，员工个体对工作问题所采取的应对策略能够有效预测他们的工作投入水平。Kataria 等（2013）通过对印度 13 个 IT 企业的员工进行实证研究发现，员工的角色清晰性、自我表达、工作挑战性、奉献等心理气氛对其工作中的投入状态有显著的影响作用。

综合以上的分析论证，本书提出以下员工目标导向对认知投入影响关系的 3 条假设。

H4：累积学习目标导向对认知投入具有正向影响；

H5：绩效趋近目标导向对认知投入具有正向影响；

H6：绩效规避目标导向对认知投入具有负向影响。

### 3.3.3　员工目标导向对工作激情影响关系的假设

工作激情是员工在创业活动中对工作产生的一种强烈的正面情绪状态，是员工感知到工作对自身具有重要意义的工作态度（Ho et al.，2011）。有工作激情的员工，对他们所承担的工作喜欢甚至热爱、认为很重要、愿意投入大量的时间和精力，并将这项工作视为自我认同的一个核心身份特征（Vallerand and Houlfort，2003）。员工的这些工作激情是他们创业活动中，受自身目标导向驱动，将工作活动的外部动机向自己的身份认同进行内化的过程中产生的积极的情感态度（Vallerand et al.，2003）。在新企业创业活动中，员工为了追求预期的目标能够产生个体的能动性和应对性，积极投入到各自角色身份工作活动中，由此产生持久的专注行为并创造性地完成工作任务（Shane and Venkataraman，2000）。因此，本书认为员工目标导向对工作激情具有显著的正向影响。

依据自我决定理论的思想可以看出，在新企业中员工参与各种各样的创业活动，并希望从中获得自主、胜任和关系等基本心理需要的满足；随着创业活动的不断开展，员工将会慢慢对那些带来愉快和能满足自身基本心理需要的工作产生偏爱，其中自己特别喜欢或者是对自己特别重要的工作内容将会逐渐转化为表示员工身份的特征标志（Vallerand and Verner，2013）。首先，持有累积学习目标导向的员工为了实现持续学习、积累经验、发展自我的目标，将工作任务视为宝贵的学习机会和过程，并且更加倾向选择富有挑战性的工作内容，尝试不同的工作方法实现最高的工作绩效，即使遇到挫折也能表现出适应的状态（Luzadis and Gerhardt，2011）；他们主动承担创业活动中的工作任务，认同所做工作的重要价值，容易实现工作活动的外部动机向其自身认同的自主性内化过程，产生工作的和谐式激情（Vallerand et al.，2010）。

其次，持有绩效趋近目标导向的员工为了展现自我能力、获得他人肯定，会选择力所能及的工作任务，积极主动地识别和把握工作机会，努力寻找解决工作问题的方式方法，期望得到较高的工作业绩（Hirst et al.，2011）；他们在社会认可、自尊和工作绩效目标等内心和人际压力下（Perttula and Cardon，2011），被迫参与工作活动，并实现工作活动的外部动机向其身份认同的控制性内化，形成工作的强迫式激情（Vallerand et al.，2003）。

最后，持有绩效规避目标导向的员工为了避免负面评价、证明自身能力，通常会选择比较简单的工作任务，尽力避免可能出现的错误或者是失败，以此证明自己拥有足够的工作能力（Luzadis and Gerhardt，2011）；当遇到挫折或者是困难时，通常容易产生消极反应，甚至是退缩行为（孟慧等，2007）。绩效规避目标导向的员工将远离自己没有信心完成的任务，以此避免获得能力不佳的不良评价，将工作看作是自己现有能力的证实活动（VandeWalle，1997），对工作过程不感兴趣，偏爱的工作较少，对工作的重要价值缺乏全面的认识，难以实现工作活动的外部动机内化过程，工作过程中缺乏挑战性和激情感。

综合以上的分析论证，本书提出以下员工目标导向对工作激情影响关系的 3

条假设。

　　H7：累积学习目标导向对工作激情具有正向影响；

　　H8：绩效趋近目标导向对工作激情具有正向影响；

　　H9：绩效规避目标导向对工作激情具有负向影响。

### 3.3.4 员工目标导向对刻意练习影响关系的假设

　　刻意练习是员工在新企业创业活动中以提高工作绩效而持续开展的大量周期性工作的行为意向。在精心设计的刻意训练工作中，工作内容拟合员工自身的工作水平，具有适度的挑战性，给予及时的信息反馈，提供修正工作错误的机会，要求员工全身心投入到活动中，工作本身娱乐性较低（Ericsson et al.，1993），不同于普通的重复性工作活动和玩耍性活动（Hyllegard and Yamamoto，2007）。刻意练习活动的顺利开展受到物质资源支持、心理资源投入和内在动机限制（Ericsson et al.，1993；郝宁和吴庆麟，2009）。目标导向作为员工在成就实现过程中的不同内在动力和心理倾向，将会影响自身在企业创业活动中参与刻意练习活动的物质资源支持、心理资源投入的活动动机选择，不仅决定着员工参与工作改进行为的意愿，也决定着员工追求卓越表现的行为意向。故此，本书认为员工目标导向对刻意练习具有显著影响。

　　首先，持有累积学习目标导向的员工通常会设定较高的工作目标，并为之努力奋斗（Hirst et al.，2011）；将不断完成工作任务作为宝贵的学习机会，持续坚持，尝试采用不同的工作方法优化工作方案（Luzadis and Gerhardt，2011）；他们愿意在工作中花费更多的时间去收集信息、学习知识、掌握和提高技能，克服障碍出色完成工作任务（VandeWalle，2001）。可以看出，在累积学习目标动机驱动下，员工在创业活动中愿意自己安排具有挑战性的工作活动，反复历练，能够清晰地认识到持续工作对改进自身行为的工具性价值，愿意采用刻意练习的行为方式来提升自我。Bruin 等（2007）在研究中也发现，象棋棋手的成就动机和追求卓远的愿望可以有效预测其刻意练习的意愿和时间投入。

　　其次，绩效趋近目标导向的员工在创业活动中更愿意选择自己可以胜任的工作任务，希望通过自己的出色表现获得正面的评价（Luzadis and Gerhardt，2011）；面对创业活动中资源获取困难、开发能力不稳定、管理不完善等工作挑战（Aldrich and Martinez，2001），这些员工为了获得预期的工作目标，亦然会积极主动地投入工作，克服各种资源限制努力完成工作任务，不断充实自己确保自己能力的完美体现。随着工作任务的不断完成，持有绩效趋近目标导向的员工自身的能力也将持续提高，这一过程也体现出了刻意练习活动的高相关性、高努力性、高频率性和低娱乐性。郝宁和吴庆麟（2009）在对职业专长发展中的刻意训练效用研究中就曾指出，刻意训练可以是专业设计的活动（如累积学习目标导向驱动下的练习），也可以是常规性工作活动。持有绩效趋近目标导向的员工在自己选择的常规性工作活动中，由于受到企业绩效目标的要求以及创业环境的支持，因此也可以发挥刻意练习的作用。

最后，绩效规避目标导向的员工在创业活动中为了避免发生工作失误，尽力避免负面的评价，遇到挫折或困难容易消极应对（孟慧等，2007；Luzadis and Gerhardt，2011）。在这种规避目标动机驱动下，员工将会反复选择简单的工作内容，按照目标要求表现出符合标准的工作水平和能力；在工作活动中倾向于依靠已经掌握的方法来解决工作问题，而不愿进行探索性、创新性和风险性的方法尝试。在这种工作选择下，这些员工对持续工作的工具性价值缺乏认识，没有主动接受工作反馈信息，缺少对重复性工作的改进尝试，高强度有计划的工作努力付出较少，刻意练习的倾向较弱（郝宁和吴庆麟，2009）。

综合以上的分析论证，本书提出以下员工目标导向对刻意练习影响关系的 3 条假设。

H10：累积学习目标导向对刻意练习具有正向影响；

H11：绩效趋近目标导向对刻意练习具有正向影响；

H12：绩效规避目标导向对刻意练习具有负向影响。

### 3.3.5　认知投入对员工创业学习影响关系的假设

从认知学习论的角度来看，员工的创业学习是员工在创业过程各个阶段中获取、储存和运用创业知识，更新和构建知识结构，进行认知和决策的活动过程（Mitchell et al.，2007）。Rea 和 Carswell（2000）将认知理论和个性理论应用到创业学习研究中，提出了创业认知式学习模型，认为创业者主观认知对创业学习具有决定性作用。Corbett（2005）和 Petkova（2009）在创业学习研究中也都强调了认知对创业学习的重要影响作用。因此，本书在探讨员工创业学习时，也认为员工的认知投入对其创业学习具有重要的正向影响作用。

按照 Amabile（1983）在创造力成分理论中对认知投入的界定，员工在创业活动中的认知投入是员工对信息进行深度加工，并形成新颖和有用知识的过程，包括知觉、注意、记忆、推理和决策等，可以分为问题识别、信息搜寻和编码、创意产生三个维度。在问题识别阶段，员工积极投入企业创业活动中，使用多种方法对问题进行深入探索和重构，全面识别工作问题相关信息，为寻求高质量和创新性的解决办法做准备。在信息搜索和编码阶段，主要涉及员工对工作相关知识的学习和记忆。他们扩大认知范围，广泛获取信息，对现有知识和经验进行整合修正，为提出新概念、开发新方法进行知识储备。在创意产生阶段，员工基于掌握的信息和方法进行发散思考和跨界联系，创建出新颖有效的问题解决方案。在这一系列过程中，伴随着认知资源的不断投入，员工实现了对信息、知识、技能的有效获取、积累和创造，在创业活动中灵活运用了自身掌握的经验知识，进行了经验知识的转化应用；通过认知活动，收集借鉴了外部间接经验知识，并通过工作实践进行了吸收应用。根据 Corbett（2007）提出的不对称创业学习模型，这些经验信息的摘取和转化均属于创业学习的主要活动。

Shalley 和 Zhou（2008）在对员工社会认知的研究中也指出，员工通过对组织和工作意义的一致性评价，能够感知并认同工作价值，进而激励自己在工作中投入更多的资源，这些认知投入能够促进创造性结果的产生。Bakker 等（2012）通过对芬兰 144 位不同领域的员工进行工作投入研究，发现认知投入能够有效影响员工的主动学习行为。故此，本书认为员工在创业活动中的认知投入能够对其个体创业学习产生显著正向影响作用，假设关系如下：

H13：认知投入对员工创业学习具有显著正向影响作用。

### 3.3.6　工作激情对员工创业学习影响关系的假设

目前，许多学者从认知视角对创业学习过程的影响因素进行了研究。其中，Rea 和 Carswell（2001）分析了影响创业者创业学习的个体特征，指出有激情的创业者在创业活动中会学到更多的创业知识；Cope（2003）指出在创业学习的研究中，创业者强烈的情绪对开展复杂的创业学习具有重要的促进作用；Baron（2008）对创业过程中的情感影响因素进行了深入探讨，认为强烈的情绪体验对创业学习具有推动和阻碍两面作用。在本书中，我们探讨员工层面的创业学习问题，认为员工在创业活动中的工作激情对创业学习具有积极的影响作用。

从上文的分析中可以看出，员工在创业活动中具有两种不同的工作激情：强迫式激情和和谐式激情（Vallerand et al.，2003）。强迫的工作激情是员工在强烈的外部动机驱动下表现出的不受自我控制而不得不去参与工作活动的积极情绪状态（张剑等，2014）。在这种内在感觉或者是附加在工作上的外物的控制下，员工在创业活动中将表现出对工作的积极状态（Vallerand and Houlfort，2003），主动利用已有工作经验，广泛收集外部工作信息，并将这些经验、信息和知识运用到工作问题解决中，从而实现知识的收集、获取和利用，实现创业活动中的学习过程。和谐的工作激情则是员工有选择权的、自由从事工作活动的强烈情绪状态（Seguin et al.，2003）。具有和谐式激情的员工，对工作任务享有决断感和认同感，能够充分认识工作的重要价值，实现工作的自我整合并引导员工全身心投入工作中（Forest et al.，2011）。这种自由、开放、积极的情感状态，有利于员工客观、全面的认识自我、整合工作，实现已有工作经验的最大化探索和开发，促进自身的经验式学习；有助于员工以积极的心态投入到创业活动中，勇敢应对工作挑战，全面获取外部知识，提出创新性工作解决方案，推动自身的认知式学习和实践式学习。

基于以上分析论证，本书提出以下工作激情对员工创业学习影响关系的假设。

H14：工作激情对员工创业学习具有正向影响。

### 3.3.7　刻意练习对员工创业学习影响关系的假设

在新企业创业活动中，拥有刻意练习倾向的员工更容易积极投入到具有难度适当、反复历练、修正错误、获得反馈修正从而实现最大化改进的刻意练习活动。通过这些刻意练习活动的开展，能够实现员工在创业活动中的多种学习。首先，刻意练习能够促进员工进行经验式学习。经验式学习强调员工在创业活动中对自身已有经验的转化，更多关注员工已有的先验知识或经验，并通过反思和借鉴来创造新知识（Politis，2005）。在刻意练习活动中，员工对自身经验的依赖性和信心水平都非常高，能够促进自身的经验式学习；同时，员工还可以通过反复训练对现有经验进行反复尝试，并通过反馈信息得到工作改进和能力提升，从而创造出新知识、新技能，有效推动经验式学习（Cope and Watts，2000）。其次，刻意练习可以促进员工进行认知式学习。认知式学习强调在创业活动中员工通过借鉴外部经验、知识和信息来实现反思性学习。在刻意练习活动中，员工需要不断完成具有一定挑战性的工作任务。在此过程中，员工必须运用自身经验之外的信息、知识和经验等外部资源（Holcomb et al.，2009），创造新的工作方法、提升工作技能，以此来解决创业活动中面临的不确定工作问题（郝宁和吴庆麟，2009），这些都将有效促进认知式学习的开展。最后，刻意练习可以促进员工进行实践式学习。实践式学习强调员工在创业活动实践中进行知识和技能学习。创业活动具有较高的不可预知性和较强的实践性，创业型企业的员工开展的刻意练习活动也具有工作环境的不稳定性，他们所承担的各项工作任务可能都具有特定的环境背景或独特的工作背景（Hamilton，2011）。因此，员工在经验式学习和认知式学习中获取的知识和经验则需要在反复的刻意训练中进行运用和修正（Lumpkin and Lichtenstein，2005），领悟和学习新的知识和技能，由此形成实践式学习。

基于以上分析论证，本书提出以下刻意练习对员工创业学习影响关系的假设。

H15：刻意练习对员工创业学习具有显著正向影响作用。

### 3.3.8　认知投入在目标导向和员工创业学习间中介影响的假设

基于社会认知理论和成就动机理论，本书将目标导向分为累积学习目标导向、绩效趋近目标导向和绩效规避目标导向，分别描述员工在新企业中完成任务追求成就时所持有的三种不同的内在需求和心理动机。以累积学习为目标导向的员工通常持有较为明确的学习目标，致力于积极的获取新知识，因此对了解任务本身具有内在兴趣，敢于突破勇于冒险（Dweck and Leggett，1988）。为了精通与任务相关的信息和技术，应对具有挑战性的工作，累积学习目标导向的员工愿意积极投入到工作中，花更多的时间和精力收集知识和掌握技能，形成较为完备的认知结构（Elliot and McGregor，2001）。以绩效趋近为目标导向的员工完成工作的目的在于受到正面的嘉奖和肯定，力求成果最佳化。因此该类员工重视工作完成的结果，愿意投入更多的精力和注意力，通过投入大量的认知资源，充实对自身和环境的认识，开发、判断并选择有利于展现自我能力的任务，为呈现绩效而做好充足的准备（Luzadis and Gerhardt，2011）。以绩效规避为目标导向的员工旨在避免有失败可能性的挑战和负面的评价。该类员工对工作并不感兴趣，呈现消极心态，且有意识的远离有风险的活动任务而只选择驾轻就熟的工作（VandeWalle，1997），因此其并不愿意接受对自身和环境的新的认知信息，回避投入认知资源。新企业通常面临的资源短缺、环境动荡等劣势将对企业员工业务的开展提出艰巨的挑战。在高度动态的创业情境下，累积学习目标导向和绩效趋近目标导向将对个体的认知投入提出更高的要求，而相应的，绩效规避目标导向将促使员工回避实施高风险的创业活动而大幅度的减少对工作的认知投入。

认知投入是描述个体为工作投入精力和贡献程度的变量（Kahn，1990）。员工的高认知投入有利于自身和工作角色的结合，帮助员工更好的把握任务的内容、理解工作的意义、明确工作情境中的使命。因此员工积极的、持续的将个体的认知资源投入到工作中，将丰富和完善知识经验，整合并更新自身的认知结构，促进认知学习的产生。面对新企业机会和资源的约束，员工扩大认知范围和强度是获取信息、积累经验、扩充并整合知识储备的最佳学习方式（Schaufeli et al.，2002）。因此，本书认为累积学习目标导向和绩效趋近目标导向分别能够通过认知投入促进员工的创业学习，而绩效规避目标导向则通过认知投入阻止员工创业学习的产生。基于此，提出如下假设关系。

H16：认知投入在累积学习目标导向和员工创业学习间具有中介影响；

H17：认知投入在绩效趋近目标导向和员工创业学习间具有中介影响；

H18：认知投入在绩效规避目标导向和员工创业学习间具有中介影响。

### 3.3.9　工作激情在目标导向和员工创业学习间中介影响的假设

累积学习目标导向占优势的员工在完成任务的行为过程中旨在自我能力和水平的发展，关注的是对任务的理解和知识的获取，而较少考虑成绩的评定和他人的评价。通常这些员工富有大胆突破的工作精神，为了积累任务经验和扩展知识范围更愿意接受具有难度和挑战性的工作（Coelho and Augusto，2010）。即便在执行活动中将面临出现错误和失败的可能性，累积学习目标导向的员工仍然认为这也是一种学习的方式，因而继续保持自信积极热情的工作态度，促进工作激情的产生和持续（Luzadis and Gerhardt，2011）。绩效趋近目标导向占优势的员工注意力集中在展现自我能力和得到外界肯定的评价。这类员工通常为了达到预期的工作目标或获取他人对社会价值的认可和确保自身出色的表现，仍然会主动地投入工作，追求完成任务所带来的成就感。正因为这些外在的驱动力和权变因素控制员工参与工作活动（Perttula and Cardon，2011），所以绩效趋近目标导向的员工容易产生强迫式的工作激情。而具有绩效规避目标导向的员工关注的是通过回避负面评价以此证明自身能力，因此该类员工对工作和任务本身不感兴趣，无法感知到工作对自身具有的重要意义（Elliot and McGregor，2001），不存在个体和工作之间的自主性内化过程，因此体验不到工作激情。新企业环境的动态性本身就是员工执行和完成任务所面临的巨大挑战，累积学习目标导向将促使员工享受挑战带来的学习过程而提高工作热情。绩效趋近目标导向则将迫使员工对工作活动的高度投入，以此努力解决任务中的问题和困难，实现更高的个人绩效，收获更为广泛的社会认可。因而绩效趋近目标导向也有利于新企业员工工作热情的提升。相反的，在新企业激烈的动态环境中，绩效规避目标导向的员工容易产生消极的态度以及退缩的行为（孟慧等，2007），导致工作情绪低落志气消沉，严重阻碍工作激情的产生。

同时，员工的工作激情表现为积极的工作状态和情感体验（Vallerand and Houlfort，2003）。作为一种强烈的情感，工作激情激发员工强大的潜能，激励员工参与工作活动并建立有效的工作机制（Thorgren et al.，2014），增强其工作行为的持久程度和努力程度，有利于员工主动获取和收集外部工作信息，积极开发和运用自身经验。而创业活动是一个复杂且艰苦的过程，需要员工贡献必要的时间和大量的精力，因此对员工提出了更高的要求。Carbonneau 等（2008）提出员工的工作激情有利于提高工作满意度并降低工作倦怠程度，使员工以积极的心态享受工作过程。鉴于此，本书认为新企业员工的工作激情将促进创业学习行为的产生，且累积学习目标导向和绩效趋近目标导向能够通过工作激情正向影响员工的创业学习，而绩效规避目标导向能够抑制新企业员工的工作激情进而反向影响创业学习。基于此，提出如下假设关系。

　　H19：工作激情在累积学习目标导向和员工创业学习间具有中介影响；

　　H20：工作激情在绩效趋近目标导向和员工创业学习间具有中介影响；

　　H21：工作激情在绩效规避目标导向和员工创业学习间具有中介影响。

### 3.3.10　刻意练习在目标导向和员工创业学习间中介影响的假设

　　持有累积学习目标导向的员工认为通过努力和实践可以培养能力，深信经过勤奋和坚持可以达到任务的成功，这些特点使他们通常具有更强的任务自信心和责任心以及更高的工作目标。因此累积学习目标导向促使个体花费大量的时间和精力收集和开发信息，通过长期和反复的历练以挑战完成更有难度的任务。在原有的知识和经验的基础上，积极进取、敢于冒险（Swan et al.，1999），善于主动探索修正以获取更高效的学习方式，优化任务方案，有助于个体形成刻意练习的行为倾向。Vallerand 等（2010）也指出累积学习目标导向和刻意练习都旨在发奋努力提高能力绩效，所以累积学习目标导向可以预测刻意练习的投入程度。持有绩效趋近目标导向的员工的意愿是表现自我的才智和能力，这些员工为了获得预期的工作目标，取得最佳的工作成果或者外界的表扬和嘉奖，仍旧需要不断扩展和充实自身阅历（Elliot and McGregor，2001）。因此绩效趋近目标导向亦然会利用具有反复周期性和低娱乐性的刻意练习来解决工作问题，确保自身能力的完美体现。而持有绩效规避目标导向的员工在执行工作行为过程中会极力避免负面的评价，所以容易出现避重就轻且依赖于自己熟悉的工作方法的现象。这将阻碍员工尝试具有探索性和创新性的活动，付出高强度的努力，改进工作方式和行为。因此绩效规避导向不利于员工产生刻意练习的行为倾向，而选择传统的、成熟的工作行为模式（Ericsson et al.，1993）。员工在参与创业活动的过程中，工作任务通常具备高度复杂性和不可借鉴性的特征，因此出于提升自我能力和绩效的目的，累积学习目标导向和绩效趋近目标导向的员工需要从事大量的刻意练习活动。而绩效规避目标导向的员工以躲避失败和困难为目标反复选择简单的工作内容，更减少了个体刻意练习的行为意向。

　　刻意练习的倾向意味着员工拥有明确的提高自身能力的目标。在这种动机的驱动下，员工将通过反复的训练而周期性的使用个人的经验，并根据得到的反馈信息获得给予修正错误的机会，从而得到更为完善和有效的工作经验，促进员工开展经验式学习。同时，刻意练习通常具有适当的挑战性，要求员工为克服困难而付诸努力，扩大认知和观察范围，把握更多新的知识和方法，有利于认知式学习的产生（Holcomb et al.，2009）。在创业活动特定的环境背景下，刻意练习行为倾向决定了员工特殊的工作方式，员工必须在实践中运用知识和技能反复练习，促进能力的改进和提升。因此在不确定性较强的创业活动中，员工的刻意练习倾向将更有利于创业学习的产生。鉴于此，本书认为累积学习目标导向和绩效趋近目标导向将通过刻意练习促进员工的创业学习，而绩效规避目标导向则通过刻意练习对员工的创业学习形成反向的影响。基于此，提出如下假设关系。

H22：刻意练习在累积学习目标导向和员工创业学习间具有中介影响；

H23：刻意练习在绩效趋近目标导向和员工创业学习间具有中介影响；

H24：刻意练习在绩效规避目标导向和员工创业学习间具有中介影响。

## 3.4　本章小结

本章在理论研究综述的基础上，对本书涉及的目标导向、认知投入、工作激情、刻意练习和创业学习等变量的概念进行了界定和维度划分。本书认为，员工目标导向是员工在追求成就的过程中所持有的不同的内在动力和心理倾向，包括累积学习目标导向、绩效趋近目标导向和绩效规避目标导向三个维度。其中，累积学习目标导向指员工希望通过获得新技能、掌握新形势、提高自己能力来不断发展自我的动机倾向；绩效趋近目标导向指员工为了展现自我能力而选择自己有把握出色完成的工作任务，希望从而得到他人对自己肯定的一种倾向；绩效规避目标导向则是指员工远离自己没有信心完成的工作任务，以此避免获得能力不佳的不良评价；认知投入是员工在与创业活动相关的工作角色中投入的自身的生理资源、情感资源和认知资源；工作激情是员工对新企业创业活动中承担工作的一种强烈的正面情绪状态；刻意练习是员工在新企业创业活动中以提高工作绩效而持续开展的大量周期性工作的行为意向；创业学习是员工在新企业创业活动中获取、吸收、储存和运用创业知识的行为过程。

在界定了变量概念的基础上，本书依据社会心理学研究中的态度功能理论和内在结构理论，构建了目标导向对员工创业学习影响的理论模型，本书认为，新企业中员工的目标导向能够影响他们在创业活动过程中的认知、情感和行为意向态度，而这三个层面态度要素能够影响个体层面上创业学习行为的产生。其中，目标导向包括累积学习目标导向、绩效趋近目标导向和绩效规避目标导向三个维度变量；同时，选取认知投入、工作激情和刻意练习分别作为员工工作态度在认知、情感和行为意向层面上的要素；创业学习是个体行为层面上的概念，属于员工内在工作态度多层面要素评价的外显行为表现。在此框架模型基础上，本书通过对该模型框架中各主要研究变量间详细影响作用关系的深入分析，提出了目标导向对员工创业学习影响关系的 24 条假设。

# 第4章  目标导向对员工创业学习影响的研究方法设计

上一章基于态度功能理论和内在结构理论，构建了目标导向对员工创业学习影响的理论模型，并提出了变量间作用关系的理论假设。为了对理论模型和假设进行实证检验，本章将对各变量的量表进行甄选设计，并在此基础上形成调查问卷、选择调查样本、展开问卷调查，对量表进行初步信度和效度检验，以及对数据分析方法进行选取。

## 4.1  初始量表设计

量表是对研究中各变量进行量化分析的测量工具，量表测量变量的准确性直接影响后期数据分析结果的有效性，因此，量表设计是进行规范实证研究分析的一个非常重要的环节。在本书研究中，需要度量的研究变量包括累积学习目标导向、绩效趋近目标导向、绩效规避目标导向、认知投入、工作激情、刻意练习、员工创业学习，以及三个控制变量（工作年限、岗位性质和行业类型）。在这七个主要变量中，累积学习目标导向、绩效趋近目标导向和绩效规避目标导向的量表比较成熟，本书将根据本次研究情景进行专业英文翻译、回译和情景校验，形成初始量表；认知投入、工作激情、刻意练习和创业学习四个变量没有适合本书研究情境的规范量表，需要根据本次研究情景、结合 Churchill（1979）提出的量表开发程序进行量表开发和检验。

### 4.1.1  目标导向维度量表设计

在本书研究中，目标导向是指个人在追求成就的过程中持有的不同目标和动机倾向（Dweck，1986；Dweck and Leggett，1988），是一个动机构念。关于目标导向的维度划分，学术界并没有形成统一的观点。因此根据不同的维度划分，研究量表的内容也不尽相同。基于 Nicholls（1975）等学者提出的动机导向模型中（Motivational Orientation Scales，MOS），将目标导向划分任务型目标导向（Task Goal Orientation）和自我型目标导向（Ego Goal Orientation）两个维度，Duda（1989）、Duda 和 Whitehead（1998）针对运动员开发了应用于运动训练领域的目标导向的问卷量表（Task and Ego Orientation in Sport Questionnaire，TEOSQ）。比如，"当我努力训练时，我觉得自己是成功的"作为任务型目标导向的问项；"当他人无法超越我的成绩时，我觉得自己是成功的"作为自我型目标导向的问项。通过有效的验证性因子分析，Button 等（1996）认为学习目标导向和绩效目标导向是两个明显的维度。学习目标导向的个体旨在掌握技术和增长能力，表现出对执行有挑战的工作、学习新的知识等方面的需求。量表中 8 个问项作为测量学习目标导向的内容，例如，"学习新东西的机会对我而言很重要"、"当我完成一项相当难的任务时我会尽全力"等。相对地，绩效目标导向的个体旨在比他人展现更优的绩效或者避免在工作中产生错误，因此其表现出希望得到对自身能力肯定的评价或者避免负面评价的需求。量表中也是 8 个问项作为测量绩效目标导向的内容，例如，"我宁愿做我能做好的事情，而不愿做我做不好的事情"、"当我完成那些我知道自己不会犯任何错误的任务时我工作得最愉快"等。van Yperen 等（2002）则通过"我在工作中觉得自己是成功的，当……"的形式，依据学习、绩效目标导向两个维度分别编制了 8 个问项。如"当我掌握了新的知识或者新的技能"等描述个体学习目标导向；"当他人搞砸了任务而我没有"等描述个体的绩效目标导向。

Elliot 和 Harackiewicz（1996）发现绩效趋近和绩效规避是两个不同的维度，两者表现出与内在动机不同的关系。基于此研究，VandeWalle（1997）明确从绩效目标导向分离出两个变量，并结合学习目标导向，开发了新的目标导向的量表，得到广泛的应用。其中，学习目标导向包含 6 个问项，如"我愿意选择一个能从中学到很多东西的具有挑战性的工作任务"等；绩效趋近目标导向包含了 5 个问项，如"我更喜欢那些能够向他人证明我能力的工作"等；绩效规避目标导向包含了 5 个问项，如"与学习新技能相比，我更看重的是，避免展示自己能力的不足"等。类似的，Elliot 和 Church（1997）也分别从这三个维度，各自 6 个问项以测量不同的目标导向。

在本书研究中，员工目标导向是指员工在追求成就的过程中所持有的不同的内在动力和心理倾向，包括累积学习目标导向、绩效趋近目标导向和绩效规避目标导向三个维度。其中，累积学习目标导向指员工希望通过获得新技能、掌握新形势、提高自己能力来不断发展自我的动机倾向；绩效趋近目标导向指员工为了展现自我能力而选择自己有把握出色完成的任务，希望从而得到他人对自己肯定的一种倾向；绩效规避目标导向则是指员工会远离自己没有信心完成的工作任务，以此避免获得能力不佳的不良评价。

根据这一概念界定和维度变量划分，本书研究采用 VandeWalle（1997）对目标导向的维度划分和测量问项设置，经过专业英文翻译、回译和情景校验修改后形成本书研究所使用的初始量表，其中，累积学习目标导向包括 6 个问项，绩效趋近目标导向包括 5 个问项，绩效规避目标导向包括 5 个问项，如表 4.1 所示。

其中，问题编号第一位数字代表变量的序号，第二位数字代表问项的序号，如 Q12，"1"代表第一个变量累积学习目标导向，"2"代表测量该变量的第二个问项。

表 4.1  累积学习目标导向、绩效趋近目标导向、绩效规避目标导向变量初始量表

| 请根据您个人实际情况进行 5 级评价 | | | | | |
|---|---|---|---|---|---|
| 累积学习目标导向： | 完全不符合 | | | | 完全符合 |
| Q11. 我经常阅读一些与工作相关的材料，提高我的能力 | 1 | 2 | 3 | 4 | 5 |
| Q12. 我愿意选择能从中学到很多东西的工作任务 | 1 | 2 | 3 | 4 | 5 |
| Q13. 我经常寻找那些可以发展新技能和学习新知识的机会 | 1 | 2 | 3 | 4 | 5 |
| Q14. 我喜欢挑战和困难，因为它们可以让我在工作中学到新技能 | 1 | 2 | 3 | 4 | 5 |
| Q15. 为了提升工作能力，我愿意承担风险 | 1 | 2 | 3 | 4 | 5 |
| Q16. 我更喜欢在那些需要高能力水平和才能的环境中工作 | 1 | 2 | 3 | 4 | 5 |
| 绩效趋近目标导向： | 完全不符合 | | | | 完全符合 |
| Q21. 我更喜欢那些能够做好并且可以证明我能力的任务 | 1 | 2 | 3 | 4 | 5 |
| Q22. 我想要表现得比我的同事更好 | 1 | 2 | 3 | 4 | 5 |
| Q23. 我试图想办法在工作中向别人证明我的能力 | 1 | 2 | 3 | 4 | 5 |
| Q24. 别人能意识到我工作优秀，这让我很享受 | 1 | 2 | 3 | 4 | 5 |
| Q25. 我更喜欢那些能够向他人证明我能力的工作 | 1 | 2 | 3 | 4 | 5 |
| 绩效规避目标导向： | 完全不符合 | | | | 完全符合 |
| Q31. 我会尽量避免接受让我显得技不如人的工作 | 1 | 2 | 3 | 4 | 5 |
| Q32. 与学习新技能相比，我更看重的是避免展示自己能力的不足 | 1 | 2 | 3 | 4 | 5 |
| Q33. 我会很担忧在工作中我的表现暴露了我能力和技术的不足 | 1 | 2 | 3 | 4 | 5 |
| Q34. 我更希望在工作中避免那些会使我的表现显得拙劣的情况 | 1 | 2 | 3 | 4 | 5 |
| Q35. 我通常不愿意向他人咨询不懂的问题，以免让他人认为我咨询了一个愚蠢的问题 | 1 | 2 | 3 | 4 | 5 |

## 4.1.2  认知投入量表设计

Kahn（1990）最早提出了工作投入的概念和结构，他认为工作投入是"组织成员控制自我以使自我与工作角色相结合"的过程，并将工作投入分为生理（Physical）、认知（Cognitive）和情感（Emotional）这三个维度。其中，认知投入被定义为个体能够保持认知上的高度活跃及唤醒状态，并能清晰地意识到自己在特定工作情境中的角色和使命。根据 Kahn（1990）有关工作投入划分维度的观点，May 等（2004）学者编制了一个 24 个问项的量表，但是通过探索性因子分析并未得到三个独立稳定的维度。因此他们选择了其中的 13 个问项作为量表，其

中测量认知投入的有 4 个问项，如"我经常在工作的时候，思考其他与工作无关的事物（反向问项）"；"当我工作的时候，我觉得时间过得很快"等。可以看出，这些问项主要测量的是个体工作时认知专注的程度。

根据 May 等（2004）对认知投入研究的问项以及有关专家的意见，国内学者编制出工作投入中认知投入的量表，共有 20 个问项，分别从对工作意义的认知、奉献专注、受领导者影响的知觉和问题解决的主动性这四个维度，对认知投入进行测量。如"在工作中，我感到自己迸发出能量"、"对于那些我不能确定是否能成功的工作，最能吸引我"等。Rothbard（2001）将认知投入划分为两个维度：认知专注和认知注意，并分别定义和开发了两者的概念和量表。认知专注是指个体在工作时精神集中和专心的程度，是认知活动"质量"的体现，由 5 个问项进行测量。例如"当我投入工作时，没有事物可以使我分心"。而认知注意是认知可获得性和个体在考虑不同角色上所花费的时间，是认知资源的一个总和，是认知活动"数量"的体现，由 4 个问项进行测量。例如，"我花费大量时间来考虑我的工作"。

在本书研究中，作者将认知投入看作是员工在创业活动中有益于创业的认知资源投入。结合这一概念界定，综合上述中外相关文献对认知投入变量量表的研究，本书主要借鉴 May 等（2004）验证过的认知投入量表，并根据本书研究情境加入了 Rothbard（2001）研究中有关认知注意的问项，并经过专业英文翻译、回译和情景校验修改后形成本书研究所使用的初始量表问项，共包含 7 个问项，如表 4.2 所示。

表 4.2　认知投入变量初始量表

| 请根据您个人实际情况进行 5 级评价 | 完全不符合 | | | 完全符合 | |
|---|---|---|---|---|---|
| Q41. 当我工作的时候，我觉得时间过得很快 | 1 | 2 | 3 | 4 | 5 |
| Q42. 我完全被我当前的工作所吸引 | 1 | 2 | 3 | 4 | 5 |
| Q43. 我经常在工作的时候，思考其他与工作无关的事物 | 1 | 2 | 3 | 4 | 5 |
| Q44. 在工作中我全心全意集中在工作上 | 1 | 2 | 3 | 4 | 5 |
| Q45. 我花费大量时间来考虑我的工作 | 1 | 2 | 3 | 4 | 5 |
| Q46. 当我工作时，我忘记了周围一切事情 | 1 | 2 | 3 | 4 | 5 |
| Q47. 我对我的工作非常关注 | 1 | 2 | 3 | 4 | 5 |

### 4.1.3　工作激情量表设计

激情是个体对某项自己喜欢并认为重要的活动的心理倾向。早期关于激情的实证多与爱情相关，因此测量方式一般是生理指标的检验。而工作激情是个体对工作活动的一种强烈倾向和情绪。Locke（1993）定义激情是对工作的热爱，并开发了"我热爱我的工作"、"当我远离工作时，我期待着重返工作"等 5 个问项的量表。Vallerand 等（2003）在对激情的概念和结构进行定义后，将其分为和谐式激情和强迫式激情两个维度，编制了相应的激情量表作为校测个体激情水平的重要工具，其中问项内容涉及行为的价值、时间和精力的投入、激情行为与日常生活的冲突水平等等。量表采用了 14 个问项，其中和谐式激情和强制性激情各为 7 个。该量表表现出高度的内在一致性和有效性，而被广泛应用（Philippe et al., 2010）。在此量表的基础上，Vallerand 和 Houlfort（2003）加入了工作激情的标准，开发了工作激情量表，适用于测量组织成员的工作激情。该量表包含了两个部分。一部分是新加入的工作激情的标准，测量个体当前是否具有工作激情，采用了 5 个问项，例如，"我的工作已经成为可以定义我身份的一部分"、"我在工作上花费大量的时间"等。另一部分是将原基础上的 14 个问项进行改进，用以测量员工所具有的和谐式工作激情和强迫式工作激情的程度。例如"我的工作与我生活中的其他活动是和谐的"、"我能得当的控制我对工作的激情"等问项测量和谐式工作激情。"我想工作的欲望非常强烈，以至于我无法从工作中自拔"、"我很难控制自己要去工作的想法和要求"等问项测量强迫式工作激情。

还有些学者对创业者工作激情的测量进行了研究，主要分为三种方式。一种方式是延续 Vallerand 等（2003）对激情的测量，将创业激情也分为和谐式和强迫式两个维度。通过对 Vallerand 等（2003）激情量表的修订，去除了两个无法准确描述创业者激情强烈倾向性特征的问项，而保留了 12 个问项作为最终创业激情的量表。第二种方式是 Cardon 等（2013）编制的专门用于测量创业者激情的量表。Cardon 等（2009）指出创业者在创业活动中体验到的情绪与其他外界刺激导致的偶然情绪相比，表现得更为积极、持续和持久。因此该量表测量的是创业相关活动中积极情绪的强度。同时，Cardon 等（2013）还从身份认同的角度，分析创业者对自身创业身份的感知。结合 Callero（1985）对自我认同的研究，Cardon 等（2013）开发的量表共包含 13 个问项，三个维度，分别为发明的创业激情、创建的创业激情和发展的创业激情。其中有"当我为解决未满足的市场需求而指出新的方法时，我会非常兴奋"等 5 个问项测量发明的创业激情；"我很享受培养新业务并取得成功的过程"等 4 个问项测量创建的创业激情；以及"我很喜欢寻找合适的人选去销售我的产品或服务"等 4 个问项测量发展的创业激情。基于该量表的三个维度，Breugst 等（2012）编制了适用于测量员工感知到的创业者激情的量表问卷。还有如 Chen 等（2009）基于说服理论，认为创业者反映出的各种积极的表现会成为投资人决策的考虑因素。因此从情感和认知的角度专门设计了测量投资人感知到创业者在商业计划演讲中展现的激情的量表。该量表包含了 11 个问项，如"演讲者的肢体活动富有活力"、"演讲者通过引用事实证明了他/她的观点"等。

除以上几种对激情的测量之外，根据社会认知评价模型，Zigarmi 等（2011）视工作激情为一个形成的过程而非单一的变量进行测量。通过对工作认知、工作情感、工作幸福感和工作意图作为潜变量来综合解释员工工作激情的形成。

本书研究中，作者将工作激情界定为员工对新企业创业活动中承担工作时的一种强烈的正面情绪状态，包含了和谐式和强迫式激情。在研究中将主要关注员工是否具有工作激情以及情绪层面的程度。因此，结合 Locke（1993）和 Cardon 等（2013）的相关研究，本书筛选并修改了问项，得到测量工作激情的量表，包含了 5 个问项，如表 4.3 所示。

表 4.3　工作激情变量初始量表

| 请根据您个人实际情况进行 5 级评价 | 完全不符合 | | | | 完全符合 |
| --- | --- | --- | --- | --- | --- |
| Q51. 我热爱我的工作 | 1 | 2 | 3 | 4 | 5 |
| Q52. 当我远离工作时，我期待着重返工作 | 1 | 2 | 3 | 4 | 5 |
| Q53. 工作让我经历各种各样的体验 | 1 | 2 | 3 | 4 | 5 |
| Q54. 工作令我难忘 | 1 | 2 | 3 | 4 | 5 |
| Q55. 我更欣赏在工作中发现的新事物 | 1 | 2 | 3 | 4 | 5 |

### 4.1.4　刻意练习量表设计

刻意练习最早是作为解释提高专业绩效的一种理论提出的。在 Ericsson 等（1993）定义刻意练习是以提高绩效为明确目标的高强度结构活动之后，学者们为了证明刻意练习对专业绩效发展的正向作用，将刻意练习测量的方式分为以下几个步骤（Sonnentag and Kleine，2000）。第一，找出目标领域中刻意练习的活动内容；第二，通过参与者自我评估，收集数据并验证数据的有效性；第三，进行数据分析。当刻意练习引入到工作情景中，对工作活动中刻意练习的确定，成为了测量的重点问题。Unger 等（2009）视刻意练习为小企业领导者学习的手段，因此访谈中归类刻意练习的标准为：参与的领导者认为该活动的结果是学习和积累知识和技术。结合 Sonnentag 和 Kleine（2000）以及 Dunn 和 Shriner（1999）对实际工作的设定，将心理模拟、探索新战略、咨询同事或者专家、征询顾客反馈、参加公司会议、进行私人交流、专业阅读、参加培训或者研讨会、观察他人的行为和监控核查业务和产品这 10 项相关的工作内容被作为刻意练习的活动内容。通过测量参与者是否定期进行刻意练习活动，取各项目进行加和并标准化得出平均值，作为参与刻意练习的时间数量的指数；通过测量参与者从刻意练习中取得收获的程度，取各项目分值的加和平均值作为刻意练习的质量指数。两项指数聚合形成刻意练习的总体指数。Vallerand 等（2007）直接将测量内容分为两个部分。第一部分要求参与者写出以提高绩效为目标的工作活动。通过对各项活动的统计，选择出其中频率最高的几个项目作为刻意练习的内容。再由参与者描述其从这些活动中取得收获的程度。

在本书中，作者将刻意练习界定为员工在创业活动中以提高工作绩效而持续开展的大量周期性工作的行为意向，反映员工对创业活动的一种积极行为态度。由于本书研究只是测量员工在创业活动中的刻意练习的行为意向，并不涉及刻意练习具体的活动内容和员工参与刻意练习的频率情况，故此，本书研究根据刻意练习的概念界定，结合 Ericsson 等（1993）、郝宁和吴庆麟（2009）对刻意练习活动特征的阐述提出，我愿意精心安排工作内容、从事具有挑战性的工作、工作中缺乏娱乐性、从事需要反复历练的工作、在工作中不断修正错误、获得工作信息反馈以及对工作进行改进这 7 个方面来对刻意练习进行测量，量表如表 4.4 所示。

表 4.4　刻意练习变量初始量表

| 请根据您个人实际情况进行 5 级评价 | 完全不符合 | | | | 完全符合 |
| --- | --- | --- | --- | --- | --- |
| Q61. 我愿意对工作内容进行精心安排 | 1 | 2 | 3 | 4 | 5 |
| Q62. 我愿意从事具有挑战性的工作 | 1 | 2 | 3 | 4 | 5 |
| Q63. 我愿意从事缺乏娱乐性的工作 | 1 | 2 | 3 | 4 | 5 |
| Q64. 我愿意从事需要反复历练的工作 | 1 | 2 | 3 | 4 | 5 |
| Q65. 我愿意在工作中不断修正错误 | 1 | 2 | 3 | 4 | 5 |
| Q66. 我愿意获得工作信息反馈 | 1 | 2 | 3 | 4 | 5 |
| Q67. 我愿意对工作进行改进 | 1 | 2 | 3 | 4 | 5 |

### 4.1.5　员工创业学习量表设计

创业学习概念源自于创业理论与组织学习理论的融合。Su 等（2011）从组织层面出发分析创业学习，并沿用 March（1991）提出的探索式学习和利用式学习两个维度，开发出了 10 个问项测量组织创业学习。例如，"企业/组织能够获取对创新至关重要的全新管理和组织技能"等测量探索式创业学习；"企业/组织为了现有经营业务的生产率，会在成熟技术利用上进行投资以提升技能"等测量利用式创业学习。陈文婷和李新春（2010）利用内容分析、问卷调查和系列定量分析方法开发出了创业学习的测量量表，包括战略试验、创新思考、外部资源获取、信息共享和经验性反思等五个维度，包括鼓励团队或小组间学习并通过各种方式激发新思想、鼓励员工通过各种渠道从公司外部获取信息、公司各个部门都认可学习是企业进步的关键、有正式的规则用于发现经营中错误的想法与观念、采用的主要竞争战略发生变化以适应创业环境等 17 个问项。其中，战略试验测量问项 3 个，创新思考测量问项 3 个，外部资源获取测量问项 4 个，信息共享测量问项 4 个，经验性反思测量问项 3 个。

　　单标安（2013）从创业者个体层面出发对创业学习进行了研究，编制了包括经验式学习、认知式学习和实践式学习三个维度的创业学习量表。单标安（2013）基于 Politis（2005）、Lumpkin 和 Lichtenstein（2005）等学者对创业学习概念的研究，借鉴了 Zhao 等（2011）的部分测量问项，经过探索式因子分析，得出 4 个问项用于测量经验式学习，包括失败行为并不可怕关键在于能从中吸取教训、不断反思先前的失败行为等；基于 Lumpkin 和 Lichtenstein（2005）等学者的概念分析，借鉴了 Chandler 和 Lyon（2009）的测量问项，通过整理验证，得到 4 个问项测量认知式学习，包括经常阅读相关书籍和文献以获取有价值的创业信息、经常与行业中的专业人员进行交流等；而实践式学习的测量，同样参考了 Lumpkin 和 Lichtenstein（2005）的概念界定，并整合了 Chandler 和 Lyon（2009）的量表，开发了创业过程中持续搜集有关内外部环境的信息、通过持续的创业实践来反思或纠正已有的经验等 4 个问项。

　　综上可知，现有创业学习的研究主要关注组织层面以及创业者个体层面，并未有针对员工个体层面的创业学习测量研究。本书中，作者将创业学习界定为员工在新企业创业活动中获取、吸收、储存和运用创业知识的行为过程。由于没有成熟量表可以参考，在本书研究中分别定义，员工创业的经验式学习为员工在新企业通过反复试错等一系列过程将原有的从业经验转化为完成创业任务的知识，并运用于创业工作实践或创造新的创业知识的过程。员工创业的认知式学习是指员工通过观察他人行为，吸取有利于完成创业任务的信息，并形成自身有价值的创业知识。而员工创业的实践式学习是指员工通过亲身的创业实践活动完善原有的创业知识，纠正知识与现实的偏差，形成新的创业知识和经验。本书研究将借鉴单标安（2013）开发的创业者创业学习量表以及 Bontis（2002）关于个体学习的量表，提出员工创业学习的量表共包含 10 个问项，如表 4.5 所示。

表 4.5　员工创业学习变量初始量表

| 请根据您个人实际情况进行 5 级评价 | 完全不符合 | | | 完全符合 | |
|---|---|---|---|---|---|
| Q71. 我会不断反思工作中的失败行为 | 1 | 2 | 3 | 4 | 5 |
| Q72. 我会通过不断重复自己的某些工作行为来获取经验 | 1 | 2 | 3 | 4 | 5 |
| Q73. 我认为失败行为并不可怕，关键在于能从中吸取教训 | 1 | 2 | 3 | 4 | 5 |
| Q74. 我非常关注标杆企业的工作方法 | 1 | 2 | 3 | 4 | 5 |

续表

| 请根据您个人实际情况进行 5 级评价 | 完全不符合 | | | | 完全符合 |
|---|---|---|---|---|---|
| Q75. 我经常参与各种正式或非正式的讨论会 | 1 | 2 | 3 | 4 | 5 |
| Q76. 我经常阅读相关书籍和文献以获取有价值的创业知识 | 1 | 2 | 3 | 4 | 5 |
| Q77. 我会经常与行业中的专业人员进行交流 | 1 | 2 | 3 | 4 | 5 |
| Q78. 我非常注重在创业活动中深化已有的知识 | 1 | 2 | 3 | 4 | 5 |
| Q79. 我认为通过创业活动获得的经验是极为有限 | 1 | 2 | 3 | 4 | 5 |
| Q70. 我会参加持续的创业活动来反思或纠正已有的经验 | 1 | 2 | 3 | 4 | 5 |

### 4.1.6　控制变量

本书研究设置了工作年限、岗位性质和行业类型 3 个控制变量。工作年限指员工参加工作的时间，分为 1～2 年、3～5 年、6～10 年和 10 年以上。岗位性质指员工在新企业中工作的岗位分类，包括技术类岗位、管理类岗位和工勤类岗位三种，并通过利用虚拟变量来测量。行业类型主要是用于测量新企业所处的行业，科技型企业需要不断从外部获取最新相关科技知识，格外注重创新学习；而非科技型企业对新知识需求相对较弱。因此，本书对行业类型分类根据是否为科技型企业来进行划分，并采用虚拟变量的方式进行测量。

## 4.2　量表问项甄选

在初步量表设计之后，本书形成了 45 个测量问项用于度量研究中的 7 个变量，构成了本书研究所需的综合量表。由于初始量表中含有本书研究在已有量表基础上改进的认知投入、工作激情、刻意练习和员工创业学习四个变量的量表问项，故此本书将通过小组讨论、小样本预测、因子分析等步骤对初始量表进行问项甄选。

### 4.2.1　小组讨论

小组讨论是邀请多位相关领域内的专家进行集体研讨的过程，本书研究通过小组讨论的方式对初始量表进行测量问项的讨论和修正。在小组讨论中，作者本人担任座谈主持人，依据初始量表内容组织与会专家进行自由讨论，从而征集专家们对量表的意见和建议，并初步考察量表内容的易读性和全面性。此次小组研讨共邀请了 5 位创业型企业的员工、4 位创业管理研究方向的教授、3 位技术经济及管理专业的博士研究生，每位参与研讨人员都在创业方面具有丰富的实践经验或理论基础，可以作为专家人员参与研讨。

在小组讨论过程中，主持人向与会专家发放量表问项资料，系统介绍本书量表的测量内容和目的；其次，邀请与会专家针对量表内容提出自己的疑问及建议，并同大家共同讨论量表内容的易读性和全面性；最后，主持人记录专家意见，记录不恰当的量表问项，并通过专家研讨确定修改内容直至达成一致意见。

专家研讨结果显示，本书提出的量表问项中，Q14 问项"我喜欢挑战和困难，因为它们可以让我在工作中学到新技能"表述不太合适，修改为"我喜欢有挑战性的工作，因为可以从中学到新技能"；Q44 问项"在工作中我全心全意集中在工作上"同 Q43 的反向问项含义完全重复，需要去除 Q44；Q54 问项"工作令我难忘"测量内容有问题，含义不清，需要去除；Q66 问项"我愿意获得工作信息反馈"和 Q67 问项"我愿意对工作进行改进"可以合并为"我愿意获取工作反馈信息并进行改进"。同时，在研讨中，对某些测量问项表述内容进行了小范围修改，以使其更加通俗易懂。

### 4.2.2　样本调查

经过专家小组研讨，本书所提出的初始量表测量问项经过了初步研讨修正，由于本书量表中认知投入、工作激情、刻意练习和创业学习四个变量测量问项属于作者修改整合后提出，所以需要对其进行进一步数据检验。故此，本书根据专家研讨修正后的 42 个问项量表设计了调查问卷（见附录 I 所示），选择吉林省长春市新企业进行随机抽样调查，共发放问卷 250 份，回收问卷 235 份，有效问卷 217 份，有效回收率 86.8%。其中，科技型企业占总样本数的 65.9%，非科技型企业占 34.1%；技术类岗位员工占 44.7%，管理类归岗位员工占 35.9%，工勤类岗位员工占 19.4%；150 人以下企业占 56.2%，150 人以上企业占到 43.8%。选取样本具有一定代表性。

### 4.2.3　问项纯化

小样本调查后，对调查问卷进行了 SPSS 软件数据录入，并通过探索性因子分析和验证性因子分析，检验量表问项同变量的归属关系，以及问项在不同变量上的区分关系，从而实现对量表问项的纯化。

首先，对样本数据进行了探索性因子分析。采用 SPSS17.0 统计分析软件对样本数据进行了巴特利特球度检验和 KMO 检验，结果如表 4.6 所示。结果显示，统计量观察值近似卡方 4394.309，对应的显著性水平 Sig.小于 0.000，自由度 df 为 666，KMO 值为 0.892，大于 0.8。可以看出，该量表各问项适合进行探索性因子分析。

表 4.6  研究量表问项的巴特利特球度检验和 KMO 检验

| 取样足够度的 KMO 度量 | | 0.892 |
|---|---|---|
| 巴特利特的球度检验 | 近似卡方 | 4394.309 |
| | df | 666 |
| | Sig. | 0.000 |

采用方差最大法旋转对测量量表进行主成分分析，结果如表 4.7 所示，可以看出共析出 7 个共同因子，累积解释方差高达 64.443%，具有较好的解释能力；单因子方差贡献均小于 40%，说明可以排除可能出现的同源偏差情况（Podsakoff and Organ，1986）。从各问项因子载荷可以看出，Q11、Q12、Q13、Q14 和 Q15 在第一个共同因子上载荷均高于 0.6，对应于累积学习目标导向变量；Q21、Q22、Q23、Q24 和 Q25 在第二个共同因子上载荷均高于 0.6，对应于绩效趋近目标导向变量；Q31、Q32、Q33、Q34 和 Q35 在第三个共同因子上载荷绝对值均高于 0.6，对应于绩效规避目标导向变量；Q41、Q42、Q43、Q45 和 Q47 在第四个共同因子上载荷均高于 0.6，对应于认知投入变量；Q51、Q52、Q53 和 Q55 在第五个共同因子上载荷均高于 0.6，对应于工作激情变量；Q61、Q62、Q64、Q65 和 Q66 在第六个共同因子上载荷均高于 0.6，对应于刻意练习变量；Q71、Q72、Q73、Q75、Q76、Q78、Q79 和 Q70 在第七个共同因子上载荷均高于 0.6，对应于员工创业学习变量；其他问项在各个共同因子上的载荷均低于 0.6，故此，本书将其测量问项剔除。同时，7 个因子所属测量问项在其他因子上载荷绝对值均小于 0.4，也就是说各问项不仅能够有效聚敛于各自的共同因子，而且还能够有效区别于其他共同因子。

表 4.7  探索性因子分析结果

| 研究变量 | 问项 | 成分 | | | | | | | 累积解释方差 /% | Cronbach's α |
|---|---|---|---|---|---|---|---|---|---|---|
| | | 1 | 2 | 3 | 4 | 5 | 6 | 7 | | |
| 累积学习目标导向 | Q11 | 0.781 | | | | | | | 13.62 | 0.819 |
| | Q12 | 0.678 | | | | | | | | |
| | Q13 | 0.647 | | | | | | | | |
| | Q14 | 0.710 | | | | | | | | |
| | Q15 | 0.702 | | | | | | | | |
| 绩效趋近目标导向 | Q21 | | 0.699 | | | | | | 22.61 | 0.841 |
| | Q22 | | 0.736 | | | | | | | |
| | Q23 | | 0.680 | | | | | | | |
| | Q24 | | 0.722 | | | | | | | |
| | Q25 | | 0.654 | | | | | | | |

| 研究变量 | 问项 | 成分 | | | | | | | 累积解释方差/% | Cronbach's α |
|---|---|---|---|---|---|---|---|---|---|---|
| | | 1 | 2 | 3 | 4 | 5 | 6 | 7 | | |
| 绩效规避目标导向 | Q31 | | | −0.677 | | | | | | |
| | Q32 | | | −0.666 | | | | | | |
| | Q33 | | | −0.648 | | | | | 31.31 | 0.815 |
| | Q34 | | | −0.735 | | | | | | |
| | Q35 | | | −0.747 | | | | | | |
| 认知投入 | Q41 | | | | 0.665 | | | | | |
| | Q42 | | | | 0.755 | | | | | |
| | Q43 | | | | 0.834 | | | | 39.97 | 0.867 |
| | Q45 | | | | 0.724 | | | | | |
| | Q47 | | | | 0.663 | | | | | |
| 工作激情 | Q51 | | | | | 0.740 | | | | |
| | Q52 | | | | | 0.726 | | | | |
| | Q53 | | | | | 0.773 | | | 48.46 | 0.854 |
| | Q55 | | | | | 0.780 | | | | |
| 刻意练习 | Q61 | | | | | | 0.724 | | | |
| | Q62 | | | | | | 0.770 | | | |
| | Q64 | | | | | | 0.762 | | 56.68 | 0.856 |
| | Q65 | | | | | | 0.810 | | | |
| | Q66 | | | | | | 0.718 | | | |
| 员工创业学习 | Q71 | | | | | | | 0.728 | | |
| | Q72 | | | | | | | 0.719 | | |
| | Q73 | | | | | | | 0.698 | | |
| | Q75 | | | | | | | 0.709 | | |
| | Q76 | | | | | | | 0.662 | 64.44 | 0.91 |
| | Q78 | | | | | | | 0.717 | | |
| | Q79 | | | | | | | 0.704 | | |
| | Q70 | | | | | | | 0.737 | | |

通过测算量表的一致性系数，可以看出整体量表的 Cronbach's α 值为 0.887，大于 0.8，各研究变量量表的 Cronbach's α 值最小为 0.756，大于 0.7，符合量表内部一致性要求。因此，本书认为剔除 Q16、Q46、Q63、Q74 和 Q77 问项后，研究量表各问项内部一致性较好。

其次，本书在探索性因子分析结果基础上，为了对各问项的从属结构进行进一步的检验，采用 AMOS17.0 分析软件建立了 7 个潜变量的测量模型（见图 4.1

验证性因子分析测量模型图），进行了验证性因子分析。从测量模型数据拟合结果来看，卡方同自由度的比值为 1.514，小于 2；近似误差均方根 RMSEA 值为 0.049，小于 0.05；残差均方根 RMR 值为 0.033，小于 0.005；拟合优度指数 GFI 值为 0.823，大于 0.8；比较拟合指数 CFI 值为 0.923，大于 0.9；相对拟合指数 NFI 值为 0.805，大于 0.8。从各拟合指标参数值可以看出，测量模型数据拟合情况较好。从各潜变量测量问项的因子载荷来看，均大于 0.5，说明测试量表各问项均能有效聚集于潜变量。

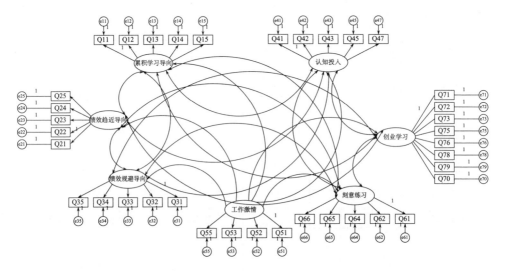

图 4.1　验证性因子分析测量模型图

### 4.2.4　正式量表确定

经过上文初始量表设计、专家小组研讨以及初次问卷调查数据分析，本书设计出了具有较高信度和效度的量表问项，共 37 项。同时，本书结合专家小组研讨中，多位专家提出的问题修改意见和问卷调查过程中被试者反馈的建议，最终形成了正式量表内容，如表 4.8 所示。

表 4.8　研究变量正式量表

| 请根据您个人实际情况进行 5 级评价 | | | | | |
|---|---|---|---|---|---|
| 累积学习目标导向： | 完全不符合 | | | 完全符合 | |
| Q11. 我经常阅读一些与工作相关的材料，提高我的能力 | 1 | 2 | 3 | 4 | 5 |
| Q12. 我愿意选择能从中学到很多东西的工作任务 | 1 | 2 | 3 | 4 | 5 |
| Q13. 我经常寻找那些可以发展新技能、学习新知识的机会 | 1 | 2 | 3 | 4 | 5 |

续表

| 累积学习目标导向: | 完全不符合 | | | 完全符合 | |
|---|---|---|---|---|---|
| Q14. 我喜欢有挑战性的工作，因为可以从中学到新技能 | 1 | 2 | 3 | 4 | 5 |
| Q15. 为了提升工作能力，我愿意承担风险 | 1 | 2 | 3 | 4 | 5 |
| **绩效趋近目标导向:** | 完全不符合 | | | 完全符合 | |
| Q21. 我更喜欢那些能够做好并且可以证明我能力的任务 | 1 | 2 | 3 | 4 | 5 |
| Q22. 我想要表现得比我的同事更好 | 1 | 2 | 3 | 4 | 5 |
| Q23. 我试图想办法在工作中向别人证明我的能力 | 1 | 2 | 3 | 4 | 5 |
| Q24. 别人能意识到我工作优秀，这让我很享受 | 1 | 2 | 3 | 4 | 5 |
| Q25. 我更喜欢那些能够向他人证明我能力的工作 | 1 | 2 | 3 | 4 | 5 |
| **绩效规避目标导向:** | 完全不符合 | | | 完全符合 | |
| Q31. 我会尽量避免接受让我显得技不如人的工作 | 1 | 2 | 3 | 4 | 5 |
| Q32. 与学习新技能相比，我更看重的是避免展示自己能力的不足 | 1 | 2 | 3 | 4 | 5 |
| Q33. 我会很担忧在工作中我的表现暴露了我能力和技术的不足 | 1 | 2 | 3 | 4 | 5 |
| Q34. 我更希望在工作中避免那些会使我的表现显得拙劣的情况 | 1 | 2 | 3 | 4 | 5 |
| Q35. 我通常不愿意向他人咨询不懂的问题，以免让他人认为我咨询了一个愚蠢的问题 | 1 | 2 | 3 | 4 | 5 |
| **认知投入:** | 完全不符合 | | | 完全符合 | |
| Q41. 当我工作的时候，我觉得时间过得很快 | 1 | 2 | 3 | 4 | 5 |
| Q42. 我完全被我当前的工作所吸引 | 1 | 2 | 3 | 4 | 5 |
| Q43. 我经常在工作的时候，思考其他与工作无关的事物 | 1 | 2 | 3 | 4 | 5 |
| Q44. 我花费大量时间来考虑我的工作 | 1 | 2 | 3 | 4 | 5 |
| Q45. 我对我的工作非常关注 | 1 | 2 | 3 | 4 | 5 |
| **工作激情:** | 完全不符合 | | | 完全符合 | |
| Q51. 我热爱我的工作 | 1 | 2 | 3 | 4 | 5 |
| Q52. 当我远离工作时，我期待重返工作 | 1 | 2 | 3 | 4 | 5 |
| Q53. 工作让我经历各种各样的体验 | 1 | 2 | 3 | 4 | 5 |
| Q54. 我更欣赏在工作中发现的新事物 | 1 | 2 | 3 | 4 | 5 |
| **刻意练习:** | 完全不符合 | | | 完全符合 | |
| Q61. 我愿意对工作内容进行精心安排 | 1 | 2 | 3 | 4 | 5 |
| Q62. 我愿意从事具有挑战性的工作 | 1 | 2 | 3 | 4 | 5 |
| Q63. 我愿意从事需要反复历练的工作 | 1 | 2 | 3 | 4 | 5 |
| Q64. 我愿意在工作中不断修正错误 | 1 | 2 | 3 | 4 | 5 |
| Q65. 我愿意获取工作反馈信息并进行改进 | 1 | 2 | 3 | 4 | 5 |

续表

| 创业学习: | 完全不符合 | | | | 完全符合 |
|---|---|---|---|---|---|
| Q71. 我会不断反思工作中的失败行为 | 1 | 2 | 3 | 4 | 5 |
| Q72. 我会通过不断重复自己的某些工作行为来获取经验 | 1 | 2 | 3 | 4 | 5 |
| Q73. 我认为失败行为并不可怕，关键在于能从中吸取教训 | 1 | 2 | 3 | 4 | 5 |
| Q74. 我经常参与各种正式或非正式的讨论会 | 1 | 2 | 3 | 4 | 5 |
| Q75. 我经常阅读相关书籍和文献以获取有价值的创业知识 | 1 | 2 | 3 | 4 | 5 |
| Q76. 我非常注重在创业活动中深化已有的知识 | 1 | 2 | 3 | 4 | 5 |
| Q77. 我认为通过创业活动获得的经验是极为有限 | 1 | 2 | 3 | 4 | 5 |
| Q78. 我会参加持续的创业活动来反思或纠正已有的经验 | 1 | 2 | 3 | 4 | 5 |

# 4.3　样本数据收集

通过量表问项的甄选，上节确定了正式研究量表。以下将依照正式研究量表设计出调查问卷，并选择调查样本，进行问卷调查并收集样本调查数据。

## 4.3.1　问卷设计

调查问卷是本书进行变量间关系定量分析的重要工具。作者依照许正良（2004）、李怀祖（2004）对调查问卷结构的要求，将调查问卷分为封面语、引导语、测试问题及答案、问项编码等部分内容，最后形成本书研究正式调查问卷（见附录Ⅱ所示）。在封面语部分，作者用一段话说明了问卷调查的目的、问项内容、保密承诺以及对被调查者的感谢，主要目的是为了消除被调查者对问卷调查的顾忌心态（陈晓萍等，2008）。在引导语部分，为被调查者说明了问卷填写的要求。

在问卷正文部分，作者设置了问卷调查的问项和相应答案选项，同时在问题之前标有该问项的编码，以便进行后期数据录入和定量分析处理。根据本书研究内容，问卷正文将设置多项封闭式问题用于收集新企业员工的一些信息，进而实现定量研究的目的。依照 Shepherd 和 Vincent（1991）对调查问卷中问项顺序安排的建议，本书研究问卷将按照先易后难的顺序，先设置一些被调查者容易回答的事实性问题，然后，设置了被调查者个人在创业活动中的一些事实、态度和行为等问题，最后设置了被调查个人的一些基本信息。总体来看，问卷正文设置的问题主要包括三类。

（1）分类问题，主要测试被调查者的工作年限、岗位性质、企业所处行业类型、企业性质和企业规模，该类事实性问题采用单项选择的方式给出选择答案，

供被调查者选择;

（2）测量问题，主要测试被调查者个体及在创业活动中的工作情况，包括累积学习目标导向、绩效趋近目标导向、绩效规避目标导向、认知投入、工作激情、刻意练习和员工创业学习等方面的评分，该部分问项采用上文设计的李克特 5 级评价量表（Liket Scale）;

（3）背景问题，主要测量被调查者的一些人口统计学特征，了解新企业员工的一些基本情况，也将采用单项选择的形式供被调查者填写。在问卷正文之后，还设置了感谢语，表达对被调查者合作调查的再次感谢。

### 4.3.2　样本选择

本书研究主要是为了测试新企业的员工，测试内容主要是员工的目标导向、在创业活动中的认知投入、工作激情和刻意练习以及员工创业学习情况。根据该调查研究目的，本书选择调查样本时，需要筛选出新企业的员工。按照 Zahra（1993）在研究中提出的，创建时间在 8 年以内的企业均可视为新企业。在本书中，作者也将以此为选择新企业的标准，以创建时间在 8 年以内的新企业中的员工为调查对象。在设定新企业标准之后，选择长春、沈阳、大连和杭州地区的新创企业发放问卷，既包括了长春和沈阳两个内陆欠发达地区，还涵盖了大连和杭州两个沿海发达地区，具有较好的代表性。为了提高新企业的代表性，降低同一企业环境所产生的同源误差，每家企业将选择 2～3 名员工作为调查样本。

### 4.3.3　数据收集

根据上文调查样本选择，通过现场访谈和电子邮件的形式对目标样本进行问卷调查，共发放问卷 800 份。历经 3 个多月时间，回收问卷 713 份，回收率 89.13%，去除缺失较为严重的样本问卷后，共得到有效问卷 639 份，有效率 79.88%，样本特征如表 4.9 所示。

**表 4.9　本书研究样本特征**

| 基本特征 | 分类 | 样本数 | 百分比/% |
|---|---|---|---|
| 性别 | 男 | 342 | 53.52 |
| | 女 | 297 | 46.48 |
| 员工年龄 | 20 岁以下 | 12 | 1.88 |
| | 21～25 岁 | 76 | 11.89 |
| | 26～30 岁 | 189 | 29.58 |
| | 31～35 岁 | 174 | 27.23 |

续表

| 基本特征 | 分类 | 样本数 | 百分比/% |
|---|---|---|---|
| 员工年龄 | 35～40 岁 | 88 | 13.77 |
| | 41～45 岁 | 62 | 9.70 |
| | 45 岁以上 | 38 | 5.95 |
| 学历 | 中专以及下 | 15 | 2.35 |
| | 大专 | 88 | 13.77 |
| | 本科 | 385 | 60.25 |
| | 硕士 | 129 | 20.19 |
| | 博士 | 22 | 3.44 |
| 工作年限 | 1～2 年 | 19 | 2.97 |
| | 3～5 年 | 166 | 25.98 |
| | 6～10 年 | 278 | 43.51 |
| | 10 年以上 | 176 | 27.54 |
| 岗位性质 | 技术类 | 219 | 34.27 |
| | 管理类 | 230 | 35.99 |
| | 工勤类 | 190 | 29.73 |
| 行业类型 | 科技型 | 410 | 64.16 |
| | 非科技型 | 229 | 35.84 |
| 企业规模 | 10～50 人 | 58 | 9.08 |
| | 50～100 人 | 104 | 16.28 |
| | 100～150 人 | 130 | 20.34 |
| | 150～200 人 | 148 | 23.16 |
| | 200～500 人 | 119 | 18.62 |
| | 500 人以上 | 80 | 12.52 |

从表 4.9 可以看出，本次调查对象男性占 53.52%，女性占 46.48%，分布比例均衡；从年龄分布来看，35 岁以下被调查者占 70.58%，本科及以上学历占 83.88%，年轻高学历员工占被调查者绝大多数，保证了本调查问卷的有效理解和正确填答；从工作年限来看，28.95% 的被调查者工作在 5 年以下，71.05% 的被调查者工作在 5 年以上，这就保证了被调查员工对自身目标导向、认知投入、工作激情、刻意练习以及创业学习等主要变量在工作中的深入理解；技术类岗位占 34.27%，管理类岗位占 35.99%，工勤类岗位占 29.73%，分布比较均衡；科技型企业占 64.16%，非科技型企业占 35.84%，基本符合新企业分布特征；从企业规模来看，68.86% 的企业属于 200 人以下中小型企业，具有新企业代表性特征。总体来看，本次调查

样本分布比较均衡，具有较好的代表性。

# 4.4　信度效度检验

在量表问项甄选过程中，上文进行了初步的探索性因子分析和验证性因子分析，确保了量表的信度和效度。本书在经过大样本数据收集后，为了保证假设检验分析的准确性，将对量表信度和效度进行深入检验。

## 4.4.1　信度检验

量表信度表示量表进行重复性测量时结果的一致性程度，通常也称为可靠性检验，可以采用内部一致性系数 Cronbach's $\alpha$ 来表示。按照 Nunnally（1994）提出的统计标准，Cronbach's $\alpha$ 值低于 0.35，可认为量表具有较低信度；Cronbach's $\alpha$ 值大于 0.5，可以认为量表信度可以接受；Cronbach's $\alpha$ 值大于 0.7，可以认为量表具有较高信度；问项数目小于 6 个时，Cronbach's $\alpha$ 值应大于 0.6。

在本书研究中，也将采用 Cronbach's $\alpha$ 系数值来检验量表信度。通过采用 SPSS17.0 软件对各变量的一致性系数进行测算，结果显示量表总体的 Cronbach's $\alpha$ 系数为 0.885，大于 0.7，7 个主要研究变量的 Cronbach's $\alpha$ 系数如表 4.10 所示。可以看出，累积学习目标导向的 Cronbach's $\alpha$ 系数为 0.828，绩效趋近目标导向的 Cronbach's $\alpha$ 系数为 0.824，绩效规避目标导向的 Cronbach's $\alpha$ 系数为 0.812，认知投入的 Cronbach's $\alpha$ 系数为 0.854，工作激情的 Cronbach's $\alpha$ 系数为 0.795，刻意练习的 Cronbach's $\alpha$ 系数为 0.846，员工创业学习的 Cronbach's $\alpha$ 系数为 0.874，

表 4.10　本书研究量表信度检验结果

| 研究变量 | 问项 | 校正的项总计相关性 | 项已删除的 Cronbach's $\alpha$ | Cronbach's $\alpha$ |
|---|---|---|---|---|
| 累积学习目标导向 | Q11 | 0.611 | 0.797 | 0.828 |
| | Q12 | 0.674 | 0.778 | |
| | Q13 | 0.649 | 0.786 | |
| | Q14 | 0.599 | 0.800 | |
| | Q15 | 0.587 | 0.804 | |
| 绩效趋近目标导向 | Q21 | 0.661 | 0.777 | 0.824 |
| | Q22 | 0.617 | 0.790 | |
| | Q23 | 0.572 | 0.803 | |
| | Q24 | 0.612 | 0.792 | |
| | Q25 | 0.637 | 0.786 | |

| 研究变量 | 问项 | 校正的项总计相关性 | 项已删除的 Cronbach's $\alpha$ | Cronbach's $\alpha$ |
|---|---|---|---|---|
| 绩效规避目标导向 | Q31 | 0.581 | 0.781 | 0.812 |
| | Q32 | 0.612 | 0.772 | |
| | Q33 | 0.567 | 0.786 | |
| | Q34 | 0.621 | 0.769 | |
| | Q35 | 0.623 | 0.770 | |
| 认知投入 | Q41 | 0.664 | 0.825 | 0.854 |
| | Q42 | 0.663 | 0.825 | |
| | Q43 | 0.694 | 0.817 | |
| | Q44 | 0.669 | 0.823 | |
| | Q45 | 0.645 | 0.830 | |
| 工作激情 | Q51 | 0.559 | 0.767 | 0.795 |
| | Q52 | 0.607 | 0.744 | |
| | Q53 | 0.600 | 0.747 | |
| | Q54 | 0.663 | 0.715 | |
| 刻意练习 | Q61 | 0.657 | 0.813 | 0.846 |
| | Q62 | 0.676 | 0.809 | |
| | Q63 | 0.621 | 0.823 | |
| | Q64 | 0.680 | 0.807 | |
| | Q65 | 0.636 | 0.819 | |
| 员工创业学习 | Q71 | 0.614 | 0.861 | 0.874 |
| | Q72 | 0.625 | 0.859 | |
| | Q73 | 0.658 | 0.856 | |
| | Q74 | 0.665 | 0.855 | |
| | Q75 | 0.588 | 0.863 | |
| | Q76 | 0.649 | 0.857 | |
| | Q77 | 0.610 | 0.861 | |
| | Q78 | 0.649 | 0.857 | |

均大于 0.7，同时各测量问项对总项的总计相关性都在 0.5 以上，删除任何问项后该量表的 Cronbach's $\alpha$ 系数均无大幅度变化，由此可以认定：本书研究变量量表信度为高信度水平，信度较好。

### 4.4.2　效度检验

量表效度是表示测量问项对潜在变量测量的有效性，即测量变量是否是各问项共变的潜在原因（DeVellis，1996），主要包括内容效度、收敛效度和区分效度三个方面。内容效度主要是检验量表测量内容同测量目标间的适合程度，可以从问项设计充分性、合理性和规范性等方面来检验。本书量表设计过程中，变量量表问项设计主要是依据上文提出的变量概念界定，结合国内外相关学者的量表研究设计出来，此后还通过了小组研讨，保证了量表问项在内容上符合本书研究所界定的变量概念，在数量上能够全面涵盖所要测量的变量范围。因此，本书量表应该具有较好的内容效度。

收敛效度主要是检验量表各问项具有显著的相关性，并且能够显著聚敛于测量变量。为了进一步检验收敛效度，本书采用 AMOS17.0 分析软件对样本数据进行了验证性因子分析，结果如表 4.11 所示。

**表 4.11　验证性因子分析结果**

| 研究变量 | 问项 | 标准化载荷 | 标准差 S.E. | 组合信度 C.R. | 显著性水平 P |
|---|---|---|---|---|---|
| 累积学习目标导向 | Q11 | 0.683 | | | |
| | Q12 | 0.755 | 0.073 | 16.185 | *** |
| | Q13 | 0.739 | 0.071 | 15.918 | *** |
| | Q14 | 0.669 | 0.068 | 14.647 | *** |
| | Q15 | 0.654 | 0.063 | 14.359 | *** |
| 绩效趋近目标导向 | Q21 | 0.736 | | | |
| | Q22 | 0.703 | 0.058 | 16.157 | *** |
| | Q23 | 0.630 | 0.055 | 14.545 | *** |
| | Q24 | 0.708 | 0.059 | 16.254 | *** |
| | Q25 | 0.707 | 0.052 | 16.226 | *** |
| 绩效规避目标导向 | Q31 | 0.666 | | | |
| | Q32 | 0.700 | 0.075 | 14.509 | *** |
| | Q33 | 0.647 | 0.072 | 13.629 | *** |
| | Q34 | 0.693 | 0.069 | 14.392 | *** |
| | Q35 | 0.707 | 0.065 | 14.621 | *** |
| 认知投入 | Q41 | 0.732 | | | |
| | Q42 | 0.720 | 0.060 | 17.004 | *** |
| | Q43 | 0.746 | 0.062 | 17.602 | *** |
| | Q44 | 0.744 | 0.060 | 17.569 | *** |
| | Q45 | 0.731 | 0.060 | 17.258 | *** |
| 工作激情 | Q51 | 0.630 | | | |
| | Q52 | 0.689 | 0.087 | 13.603 | *** |
| | Q53 | 0.699 | 0.092 | 13.738 | *** |
| | Q54 | 0.790 | 0.100 | 14.748 | *** |

| 研究变量 | 问项 | 标准化载荷 | 标准差 S.E. | 组合信度 C.R. | 显著性水平 P |
|---|---|---|---|---|---|
| 刻意练习 | Q61 | 0.721 | | | |
| | Q62 | 0.736 | 0.056 | 16.903 | *** |
| | Q63 | 0.680 | 0.058 | 15.706 | *** |
| | Q64 | 0.773 | 0.066 | 17.656 | *** |
| | Q65 | 0.709 | 0.058 | 16.334 | *** |
| 创业学习 | Q71 | 0.657 | | | |
| | Q72 | 0.669 | 0.076 | 14.784 | *** |
| | Q73 | 0.709 | 0.071 | 15.525 | *** |
| | Q74 | 0.720 | 0.073 | 15.728 | *** |
| | Q75 | 0.632 | 0.068 | 14.078 | *** |
| | Q76 | 0.707 | 0.073 | 15.499 | *** |
| | Q77 | 0.660 | 0.078 | 14.612 | *** |
| | Q78 | 0.705 | 0.074 | 15.449 | *** |

注：*表示 $P<0.05$，**表示 $P<0.01$，***表示 $P<0.001$

从模型数据拟合结果来看，卡方同自由度的比值为 1.758，接近于 2；近似误差均方根 RMSEA 值为 0.034，小于 0.05；残差均方根 RMR 值为 0.021，小于 0.05；拟合优度指数 GFI 值为 0.917，大于 0.9；比较拟合指数 CFI 值为 0.952，大于 0.9；相对拟合指数 NFI 值为 0.897，大于 0.8。从各拟合指标参数值可以看出，测量模型数据拟合情况较好。从各潜变量测量问项的因子载荷来看，均大于 0.6，最小值为 0.630；C.R 值最小为 13.603，均大于 2，且都达到统计显著水平。因此，可以认为本书量表具有较好的收敛效度。

区分效度主要是检验两个研究变量之间的测量不具有显著的相关性。本书借鉴 Fornell 和 Larcker（1981）提出的平均变异抽取量（AVE 值）与相关系数平方值比较法进行分析。因此，本书运用验证性因子分析中的标准化因子载荷测算出 AVE 值，并测算出变量间的相关系数，结果如表 4.12 所示。从表中数值可以看出，各变量 AVE 值（对角线上各数值）均大于 0.45，接近或大于 0.5，各变量相关系数平方值（对角线下方各数值）均小于变量 AVE 值，也就可以认为：各变量间具有显著的区别，量表区分效度较好。

表 4.12　本书量表区分效度检验结果

| 研究变量 | 1 | 2 | 3 | 4 | 5 | 6 | 7 |
|---|---|---|---|---|---|---|---|
| 累积学习目标导向 | 0.492 | | | | | | |
| 绩效趋近目标导向 | 0.178 | 0.487 | | | | | |

续表

| 研究变量 | 1 | 2 | 3 | 4 | 5 | 6 | 7 |
|---|---|---|---|---|---|---|---|
| 绩效规避目标导向 | 0.122 | 0.129 | 0.466 | | | | |
| 认知投入 | 0.157 | 0.121 | 0.084 | 0.540 | | | |
| 工作激情 | 0.130 | 0.138 | 0.083 | 0.219 | 0.496 | | |
| 刻意练习 | 0.153 | 0.041 | 0.094 | 0.099 | 0.066 | 0.525 | |
| 创业学习 | 0.260 | 0.199 | 0.205 | 0.299 | 0.193 | 0.248 | 0.467 |

# 4.5　数据分析方法选择

在本书数据分析部分，按照实证研究规范流程要求，需要进行描述性统计分析、结构方程模型分析等数据分析方法，以下将对所选择的数据分析方法进行简单说明。

## 4.5.1　描述性统计分析

在对样本数据进行正式分析之前，需要对总体样本数据进行归类描述，分析出样本数据的各种描述性统计特征，主要包括数据集中离散程度、正态偏态情况等，这就需要进行描述性统计分析。在本书中，作者将通过分析均值、标准差、偏度和峰度等指标来进行描述性统计分析，以此来了解样本数据的分布情况。均值分析主要是来描述样本数据的集中情况，对样本集中趋势进行描述；标准差主要是用来分析样本数据之间的差异程度，对样本离散程度进行描述；样本数据分布的起伏状态主要采用偏度和峰度两个指标来进行分析，以此实现样本数据的正态和偏态程度描述（薛薇，2008）。

为了实现对上述四个描述性特征指标的分析，本书借用了 SPSS 统计分析软件。在测算出各指标值之后，作者需要对其取值进行简单的分析。其中，均值又称为算术平均数，是样本数据中变量数据总和除以样本数据个数的值，用来表示样本数据中变量取值的集中程度和平均分布水平，在描述性统计分析中具有非常重要的地位。通过对本书中各变量均值的分析，可以对新企业员工目标导向、认知投入、工作激情、刻意练习以及创业学习总体集中趋势进行初步认识。标准差又称为均方差，是各样本数据偏离均值的距离平方和的平均数的方根，表示变量同均值的平均离散程度，反映样本数据的平均离散程度，标准差越大，代表大多数样本数据同均值差异越大，数据间的差异也就越大。通过变量标准差的分析，可以了解样本在各主要变量的差异程度。偏度是用来描述样本数据分布形态对称性的一个统计量，偏度值为 0，说明样本数据对称分布，左右偏差相等；偏度大于 0，说明样本数据向右偏分布，又称为正偏差；偏度小于 0，则说明样本数据向左偏分布，又称为负偏差。峰度是用来描述样本数据分布形态尖缓程度的一个统计量，峰度值为 0，说明样本数据同标准正态分布尖缓程度相同；峰度值大于 0，说明样本数据呈尖峰分布形态；峰度值小于 0，则说明样本数据呈平峰分布形态。通过变量偏度和峰度分析，可以了解样本数据各变量上的分布形态。

### 4.5.2　结构方程模型分析

为了验证目标导向对员工创业学习的影响关系，本书研究依照 Chaudhuri 和 Holbrook（2001）、Tsai（2011）、贾薇等（2009）、李桂华和卢宏亮（2010）、叶峥和郑健壮（2014）等学者在对变量间路径关系研究中所采用的检验方法，选择结构方程模型来完成实证研究。结构方程模型（Structural Equation Model，SEM）可以用于评价多变量间的相互关联关系，能够通过测量模型和结构模型分析发现多变量间的概念关系，同时还能够解释变量的测量误差，是一种广泛运用的线性统计建模技术，普遍应用在社会学、心理学、经济学和管理学等多个学科领域。

结构方程模型分析在国内外管理学研究中运用较为普遍，本书探讨目标导向对员工创业学习的影响关系，需要对多个变量间的复杂关系进行联合分析，可以采用该模型分析方法来进行检验分析。在本书研究中，作者提出了目标导向对员工创业学习的影响关系模型，包括了 3 个层次 7 个变量，检验这些变量间的关系所采用的验证方法不仅需要进行变量间路径关系的检验，而且还要求采用整体结构性的方法体现出模型中各要素的综合影响，结构方程模型分析方法完全符合本书研究的要求。

在结构方程模型分析时需要采用的分析软件主要包括 LISREL、AMOS、MPLUS 等。本书将采用 AMOS 软件进行结构方程模型分析。AMOS 软件进行结构方程模型分析，可以通过直观的路径图模式采用基于方差矩阵结构的潜变量对测量模型和结构模型进行分析，通过画图建模、参数估计、关系评估来实现模型拟合和变量间路径关系分析。在 AMOS 软件环境下，无论是可观测的显变量，还是间接测量的潜在变量，都可以通过直接建模来预测其他数值变量，方便易用、直观易懂。因此，运用结构方程模型分析方法，借助 AMOS 软件包对分析本书研究理论关系模型是十分有利的。一方面，结构方程模型不仅可以反映目标导向对员工创业学习影响关系模型中变量与变量之间的单独变量间关系，而且还可以反映变量与变量之间的彼此相互影响。另一方面，运用 AMOS 软件进行分析，可以充分发挥该方法多路径分析对变量之间直接、间接影响关系的特点，AMOS 清晰的路径有利于更好地理解结构方程模型，更好地避免变量测量误差带来的干扰，同时还可以综合分析模型中的中介效用关系。

## 4.6　本 章 小 结

　　为了对本书提出的变量间关系假设模型进行实证检验，本章对所要采用的研究变量量表、运用的样本数据、量表的信度效度和数据分析进行了方法设计。首先,本章将各变量的量表进行了问项设计,完成了包含 45 个问项的初始量表设计。通过小组研讨、小样本调查、探索性因子分析和验证性因子分析，删除不合理的、载荷低的问项共 8 个，最终形成 37 个问项的正式量表。其次，根据正式量表设计出调查问卷后，通过采用现场访谈和电子邮件的方式对 8 年以内的新企业员工进行了问卷调查，回收有效问卷 639 份，并对样本数据进行了收集和录入。再次，本章对所用量表进行了信度效度检验,结果显示量表具有较好的可靠性和有效性,符合后期数据处理分析要求。最后，本章对本书研究所采用的假设检验方法进行了选取和介绍。

# 第5章 目标导向对员工创业学习影响的实证分析

## 5.1 基本统计分析

在进行结构方程模型分析之前，本书首先需要对之前收集好的样本数据进行基本统计分析，主要包括描述性统计分析、变量相关分析和同源偏差分析。

### 5.1.1 描述性统计分析

本书运用 SPSS17.0 统计软件测算出样本数据各变量的均值、标准差、偏度以及峰度等统计量，结果如表 5.1 所示。从表 5.1 所示结果可以看出，累积学习目标导向、绩效趋近目标导向、绩效规避目标导向、认知投入、工作激情、刻意练习、员工创业学习及各控制变量的均值水平均处于合理范围之内，标准差都处于0.4 和 1 之间，表示样本数据同均值的离散程度不大。从偏度和峰度来看，各变量偏度绝对值最小为 0.260，最大为 1.175，都小于 2；峰度绝对值最小为 0.693，最大为 2.952，都小于 3，根据 Kline（1998）提出的正态分布偏度和峰度标准，作者认为本书样本数据符合后期深入处理要求。

**表 5.1 描述性统计分析结果**

| 研究变量 | 均值 | 标准差 | 偏度 | 峰度 |
|---|---|---|---|---|
| 累积学习目标导向 | 3.885 | 0.611 | −0.997 | 1.892 |
| 绩效趋近目标导向 | 4.207 | 0.549 | −1.103 | 2.242 |
| 绩效规避目标导向 | 1.717 | 0.500 | 1.041 | 2.952 |
| 认知投入 | 3.950 | 0.597 | −1.153 | 2.670 |
| 工作激情 | 3.959 | 0.644 | −1.037 | 1.743 |
| 刻意练习 | 4.035 | 0.523 | −0.900 | 2.097 |
| 员工创业学习 | 4.027 | 0.553 | −1.175 | 2.630 |
| 工作年限 | 2.956 | 0.808 | −0.260 | −0.693 |
| 技术类岗位 | 0.343 | 0.475 | 0.664 | −1.564 |
| 管理类岗位 | 0.360 | 0.480 | 0.585 | −1.663 |
| 科技型企业 | 0.642 | 0.480 | −0.592 | −1.655 |

## 5.1.2　变量相关性分析

在对各变量相关性分析时，作者采用 SPSS17.0 统计软件测算出变量间的 Pearson 相关系数，结果如表 5.2 所示。可以看出，累积学习目标导向和绩效趋近目标导向同认知投入、工作激情、刻意练习和员工创业学习具有显著的正向相关性，初步表明累积学习目标导向和绩效趋近目标导向同认知投入、工作激情、刻意练习和员工创业学习具有显著的正向影响关系；绩效规避目标导向同认知投入、工作激情、刻意练习和员工创业学习具有显著的负向相关性，初步表明绩效规避目标导向同认知投入、工作激情、刻意练习和员工创业学习具有显著的负向影响关系；认知投入、工作激情和刻意练习对员工创业学习具有显著的正向相关性，初步表明认知投入、工作激情和刻意练习对员工创业学习具有显著的正向影响关系。

表 5.2　变量相关性分析结果

| 研究变量 | 1 | 2 | 3 | 4 | 5 | 6 | 7 | 8 | 9 | 10 |
|---|---|---|---|---|---|---|---|---|---|---|
| 累积学习目标导向 | 1 | | | | | | | | | |
| 绩效趋近目标导向 | 0.422** | 1 | | | | | | | | |
| 绩效规避目标导向 | −0.349** | −0.359** | 1 | | | | | | | |
| 认知投入 | 0.396** | 0.348** | −0.289** | 1 | | | | | | |
| 工作激情 | 0.361** | 0.371** | −0.288** | 0.468** | 1 | | | | | |
| 刻意练习 | 0.391** | 0.202** | −0.306** | 0.315** | 0.256** | 1 | | | | |
| 创业学习 | 0.510** | 0.446** | −0.453** | 0.547** | 0.439** | 0.498** | 1 | | | |
| 工作年限 | −0.074 | −0.034 | 0.013 | 0.005 | −0.018 | −0.060 | −0.068 | 1 | | |
| 技术类岗位 | 0.074 | 0.047 | −0.020 | 0.040 | −0.025 | 0.018 | 0.021 | 0.007 | 1 | |
| 管理类岗位 | −0.007 | −0.007 | 0.024 | 0.011 | 0.023 | −0.071 | −0.005 | 0.037 | −0.542** | 1 |
| 科技型企业 | 0.111** | 0.132** | −0.070 | 0.114** | 0.077 | 0.066 | 0.157** | 0.125** | 0.203** | −0.085* |

注：*表示 $P<0.05$，**表示 $P<0.01$，***表示 $P<0.001$

累积学习目标导向、认知投入同员工创业学习的相关系数分别为 0.510 和 0.547，大于 0.5，表明累积学习目标导向、认知投入同员工创业学习具有较高的正相关关系；除此之外，各研究变量间相关系数均小于 0.5，这表示绝大多数变量间不具备高度相关关系。由此说明，本书变量测量效果符合数据分析要求。

### 5.1.3  同源偏差分析

在数据获取过程中，由于采用共同的数据来源、同一个数据评价者、相同的数据测量环境，将会产生自变量同因变量之间的人为共变关系，即同源偏差问题。本书样本数据收集过程中，由于问卷所有问项均由同一位被调查者填写，可能会产生同源偏差问题。故此，本书采用 Harman 提出的单因素方法来进行检验，对所有变量测量问项数据进行未旋转的主成分分析，结果如表 5.3 所示（Podsakoff et al.，2003）。结果形成了 7 个特征值大于 1 的因子，并没有形成唯一因子；并且第一个因子解释总方差为 28.778%，小于 40% 的临界值；自变量和因变量没有出现负荷在同一个因子上的情况。因此，本书认为，样本数据同源偏差影响并不严重。

表 5.3    未旋转主成分分析结果

| 成分 | 初始特征值 | | | 提取平方和载入 | | |
|---|---|---|---|---|---|---|
| | 合计 | 方差的百分比/% | 累积百分比/% | 合计 | 方差的百分比/% | 累积百分比/% |
| 1 | 10.648 | 28.778 | 28.778 | 10.648 | 28.778 | 28.778 |
| 2 | 2.549 | 6.889 | 35.667 | 2.549 | 6.889 | 35.667 |
| 3 | 2.381 | 6.434 | 42.102 | 2.381 | 6.434 | 42.102 |
| 4 | 1.917 | 5.182 | 47.284 | 1.917 | 5.182 | 47.284 |
| 5 | 1.641 | 4.436 | 51.720 | 1.641 | 4.436 | 51.720 |
| 6 | 1.575 | 4.257 | 55.977 | 1.575 | 4.257 | 55.977 |
| 7 | 1.431 | 3.867 | 59.844 | 1.431 | 3.867 | 59.844 |

## 5.2  结构方程模型分析与检验

在对样本数据进行初步统计分析之后，本书采用 AMOS 软件进行结构方程模型构建和分析，以此来对上文提出的理论关系假设进行定量分析和检验。

### 5.2.1  结构方程模型构建

上文提出了目标导向对员工创业学习的无中介影响关系假设，以及以认知投入、工作激情和刻意练习为中介变量的影响关系假设。因此，本书需要构建出目标导向对员工创业学习的无中介影响关系结构方程模型、部分中介影响关系结构方程模型和完全中介影响关系结构方程模型，以此来检验目标导向对员工创业学习的无中介影响关系假设，以及通过竞争模型比较确定最优的中介影响关系结构方程模型，并检验以认知投入、工作激情和刻意练习为中介变量的间接影响关系假设。基于此,本书在 AMOS17.0 软件中,依次绘制了累积学习目标导向、绩效趋近目标导向、绩效规避目标导向、认知投入、工作激情、刻意练习和员工创业学习等潜在变量的测量模型,并在此基础上根据不同模型建立了不同潜变量间的路径关系,构建出无中介模型(M1)、部分中介模型(M2)和完全中介模型(M3),如图 5.1~图 5.3 所示。

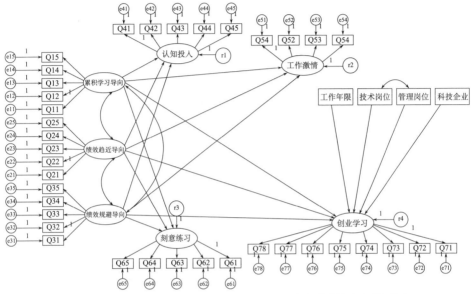

图 5.1　目标导向对员工创业学习无中介影响关系结构方程模型图

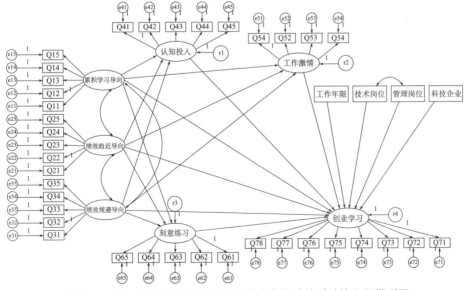

图 5.2　目标导向对员工创业学习部分中介影响关系结构方程模型图

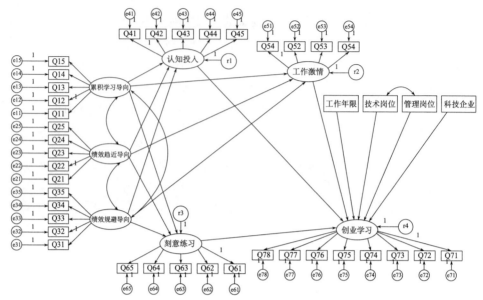

图 5.3 目标导向对员工创业学习完全中介影响关系结构方程模型图

## 5.2.2 结构方程模型分析

为了检验上文提出的变量间假设关系，本书利用收集到的样本数据对上文构建的三个结构方程模型进行了分析检验，模型拟合的基本情况如表 5.4 所示。

表 5.4 结构方程模型拟合结果列表

| 拟合指标 | 拟合标准 | 模型拟合指标值 | | |
|---|---|---|---|---|
| | | M1 | M2 | M3 |
| 卡方值 CMIN | | 1448.277 | 1338.161 | 1397.257 |
| 自由度 df | | 763 | 760 | 763 |
| 绝对拟合指数 P | | 0.000 | 0.000 | 0.000 |
| CMIN/df | 小于 3 | 1.898 | 1.761 | 1.831 |
| 拟合优度指数 GFI | 大于 0.9 | 0.899 | 0.907 | 0.901 |
| 调整拟合优度指数 AGFI | 大于 0.9 | 0.885 | 0.894 | 0.889 |
| 简约拟合优度指数 PGFI | 大于 0.5 | 0.796 | 0.800 | 0.799 |
| 赋范拟合指数 NFI | 大于 0.9 | 0.866 | 0.876 | 0.870 |
| 比较拟合指数 CFI | 大于 0.9 | 0.931 | 0.942 | 0.936 |
| 非正态化拟合指数 TLI | 大于 0.9 | 0.926 | 0.937 | 0.932 |
| 残差均方根 RMR | 小于 0.08 | 0.031 | 0.026 | 0.029 |
| 近似误差均方根 RMSEA | 小于 0.08 | 0.038 | 0.035 | 0.036 |

从 M1 的拟合结果来看，模型绝对拟合参数卡方值为 1448.277，自由度为 763，绝对拟合指数 $P$ 为 0.000，且 CMIN/df 值为 1.898；拟合优度指数 GFI 为 0.899，调整拟合优度指数 AGFI 为 0.885，赋范拟合指数 NFI 为 0.866，均大于 0.8，接近于 0.9；比较拟合指数 CFI 为 0.931，非正态化拟合指数 TLI 为 0.926，均大于 0.9；残差均方根 RMR 为 0.031，近似误差均方根 RMSEA 为 0.038，均小于 0.05；简约拟合优度指数 PGFI 为 0.796，大于 0.5。由此可以看出，模型拟合程度可以接受，整体简约化程度比较理想。

从 M1 的路径关系验证结果发现（表 5.5），累积学习目标导向、绩效趋近目标导向和绩效规避目标导向对员工创业学习的影响作用关系显著；同时，累积学习目标导向和绩效规避目标导向对认知投入、工作激情、刻意练习的影响作用关系均显著；绩效趋近目标导向对认知投入、工作激情的影响作用关系均显著，绩效趋近目标导向对刻意练习的影响作用关系不显著。在显著性关系路径中，C.R. 绝对值均大于 2。

表 5.5　M1 检验结果

| 路径关系 | 系数 | 标准差 S.E. | 组合信度 C.R. | 显著性 水平 $P$ | 检验结果 |
|---|---|---|---|---|---|
| H1：累积学习目标导向-员工创业学习 | 0.423 | 0.047 | 7.997 | *** | 支持 |
| H2：绩效趋近目标导向-员工创业学习 | 0.198 | 0.04 | 4.185 | *** | 支持 |
| H3：绩效规避目标导向-员工创业学习 | −0.286 | 0.047 | −6.078 | *** | 支持 |
| H4：累积学习目标导向-认知投入 | 0.372 | 0.058 | 6.588 | *** | 支持 |
| H5：绩效趋近目标导向-认知投入 | 0.192 | 0.053 | 3.568 | *** | 支持 |
| H6：绩效规避目标导向-认知投入 | −0.129 | 0.058 | −2.562 | * | 支持 |
| H7：累积学习目标导向-工作激情 | 0.302 | 0.052 | 5.212 | *** | 支持 |
| H8：绩效趋近目标导向-工作激情 | 0.256 | 0.049 | 4.471 | *** | 支持 |
| H9：绩效规避目标导向-工作激情 | −0.142 | 0.053 | −2.701 | ** | 支持 |
| H10：累积学习目标导向-刻意练习 | 0.423 | 0.056 | 7.141 | *** | 支持 |
| H11：绩效趋近目标导向-刻意练习 | −0.061 | 0.049 | −1.115 | 0.265 | 不支持 |
| H12：绩效规避目标导向-刻意练习 | −0.259 | 0.057 | −4.839 | *** | 支持 |

注：*表示 $P<0.05$，**表示 $P<0.01$，***表示 $P<0.001$

表 5.6　竞争模型比较结果

| 模型比较 | $\Delta\chi^2$ | $\Delta df$ | $\Delta\chi^2 / \Delta df$ | 比较标准 | 比较结果 |
|---|---|---|---|---|---|
| M2-M1 | 110.116 | 3 | 36.705 | 7.815（$P=0.05, df=3$） | 接受模型 M2 |
| M2-M3 | 59.096 | 3 | 19.698 | 7.815（$P=0.05, df=3$） | 接受模型 M2 |

　　为了检验认知投入、工作激情和刻意练习在目标导向和创业学习间的中介影响作用，作者根据 Kelloway（1998）以及贾薇等（2009）所推荐使用的中介变量检验步骤，对 M1、M2 和 M3 进行竞争模型比较分析。从表 5.4 的模型拟合结果来看，三个模型拟合情况都可以接受，其中 M2 拟合程度较好。为了实现对三个模型的比较，本书测算了 M2-M1、M2-M3 之间的卡方差异和自由度差异（表 5.6）。从比较情况来看，M2 和 M1 的差异显著（ $\Delta\chi^2 / \Delta df = 36.705 > 7.815_{(0.05,3)}$ ），表明 M2 优于 M1；M2 和 M3 的差异也显著（ $\Delta\chi^2 / \Delta df = 19.698 > 7.815_{(0.05,3)}$ ），表明 M2 优于 M3。可以看出，在这三个模型中，M2 为最优模型。因此，可以确定目标导向对创业学习存在中介作用影响关系。

表 5.7　M2 检验结果

| 路径关系 | 系数 | 标准差 S.E. | 组合信度 C.R. | 显著性水平 P | 检验结果 |
|---|---|---|---|---|---|
| H1：累积学习目标导向-员工创业学习 | 0.146 | 0.045 | 2.847 | ** | 支持 |
| H2：绩效趋近目标导向-员工创业学习 | 0.15 | 0.039 | 3.264 | ** | 支持 |
| H3：绩效规避目标导向-员工创业学习 | −0.167 | 0.043 | −3.835 | *** | 支持 |
| H4：累积学习目标导向-认知投入 | 0.341 | 0.057 | 6.018 | *** | 支持 |
| H5：绩效趋近目标导向-认知投入 | 0.202 | 0.053 | 3.695 | *** | 支持 |
| H6：绩效规避目标导向-认知投入 | −0.116 | 0.058 | −2.281 | * | 支持 |
| H7：累积学习目标导向-工作激情 | 0.283 | 0.051 | 4.882 | *** | 支持 |
| H8：绩效趋近目标导向-工作激情 | 0.263 | 0.049 | 4.543 | *** | 支持 |
| H9：绩效规避目标导向-工作激情 | −0.135 | 0.053 | −2.539 | * | 支持 |
| H10：累积学习目标导向-刻意练习 | 0.395 | 0.055 | 6.68 | *** | 支持 |
| H11：绩效趋近目标导向-刻意练习 | −0.051 | 0.049 | −0.916 | 0.360 | 不支持 |
| H12：绩效规避目标导向-刻意练习 | −0.245 | 0.057 | −4.554 | *** | 支持 |
| H13：认知投入-员工创业学习 | 0.295 | 0.038 | 6.707 | *** | 支持 |
| H14：工作激情-员工创业学习 | 0.095 | 0.042 | 2.234 | * | 支持 |
| H15：刻意练习-员工创业学习 | 0.269 | 0.04 | 6.269 | *** | 支持 |
| 工作年限-员工创业学习 | −0.044 | 0.017 | −1.497 | 0.134 | 不显著 |
| 技术类岗位-员工创业学习 | −0.027 | 0.034 | −0.766 | 0.444 | 不显著 |
| 管理类岗位-员工创业学习 | 0.004 | 0.034 | 0.103 | 0.918 | 不显著 |
| 科技型企业-创业学习 | 0.071 | 0.029 | 2.383 | * | 显著 |

　　注：*表示 $P<0.05$，**表示 $P<0.01$，***表示 $P<0.001$

从 M2 检验结果可以看出（表 5.7），累积学习目标导向、绩效趋近目标导向和绩效规避目标导向对认知投入、工作激情的影响作用关系显著，累积学习目标导向和绩效规避目标导向对刻意练习的影响作用关系显著，绩效趋近目标导向对刻意练习的影响作用关系不显著；认知投入、工作激情和刻意练习对员工创业学习的影响作用关系显著；同时，累积学习目标导向、绩效趋近目标导向和绩效规避目标导向对员工创业学习的直接影响作用关系显著。在显著性关系路径中，C.R. 绝对值均大于 2。

### 5.2.3　结构方程模型修正

根据上述结构方程模型分析的结果，作者依据吴明隆（2010）的建议对模型进行了修正（图 5.4），去除关系不显著的变量间关系以及控制变量不显著的路径，模型拟合结果如表 5.8 所示。

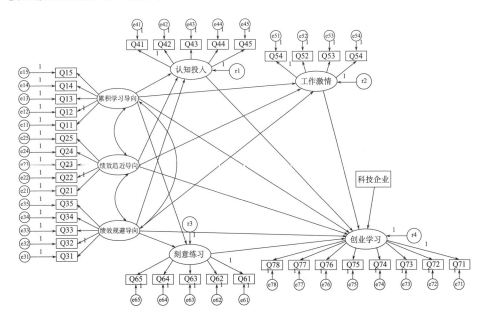

图 5.4　目标导向对员工创业学习部分中介影响关系修正模型图

从表 5.8 可以看出，修正后模型的绝对拟合参数卡方值为 1176.843，自由度为 648，绝对拟合指数 $P$ 为 0.000，且 CMIN/df 值为 1.816，表明模型拟合程度在可接受范围；拟合优度指数 GFI 为 0.910，比较拟合指数 CFI 为 0.945，非正态化拟合指数 TLI 为 0.946，均大于 0.9，表示模型拟合程度较好；调整拟合优度指数 AGFI 为 0.897，赋范拟合指数 NFI 为 0.887，均大于 0.8，接近于 0.9，表示模型拟合程度可以接受；残差均方根 RMR 为 0.027，近似误差均方根 RMSEA 为 0.036，均小于 0.05，表示模型拟合程度很好；简约拟合优度指数 PGFI 为 0.796，大于 0.5，说明模型整体简约化程度比较理想。同时，修正后模型拟合情况要优于 M2 模型拟合情况。

**表 5.8　修正后结构方程模型拟合结果**

| 拟合指标 | M2 模型指标值 | 修正模型指标值 | 拟合情况 |
|---|---|---|---|
| 卡方值 CMIN | 1338.161 | 1176.843 | |
| 自由度 df | 760 | 648 | |
| 绝对拟合指数 $P$ | 0.000 | 0.000 | |
| CMIN/df | 1.761 | 1.816 | 小于 3，可接受 |
| 拟合优度指数 GFI | 0.907 | 0.910 | 大于 0.9，拟合很好 |
| 调整拟合优度指数 AGFI | 0.894 | 0.897 | 大于 0.8，拟合很好 |
| 简约拟合优度指数 PGFI | 0.800 | 0.796 | 大于 0.5，可以接受 |
| 赋范拟合指数 NFI | 0.876 | 0.887 | 大于 0.8，拟合较好 |
| 比较拟合指数 CFI | 0.942 | 0.945 | 大于 0.9，拟合很好 |
| 非正态化拟合指数 TLI | 0.937 | 0.941 | 大于 0.9，拟合很好 |
| 残差均方根 RMR | 0.026 | 0.027 | 小于 0.05，拟合很好 |
| 近似误差均方根 RMSEA | 0.035 | 0.036 | 小于 0.05，拟合很好 |

从修正后模型的路径关系结果来看（表 5.9），并未出现其他不显著关系路径。鉴于以上比较，本书将修正后的模型确定为最终解释模型，各变量间路径关系及系数如图 5.5 所示。

**表 5.9　修正后结构方程模型路径关系检验结果**

| 路径关系 | 系数 | 标准差 S.E. | 组合信度 C.R. | 显著性水平 $P$ |
|---|---|---|---|---|
| H1：累积学习目标导向-员工创业学习 | 0.149 | 0.044 | 2.932 | ** |
| H2：绩效趋近目标导向-员工创业学习 | 0.148 | 0.038 | 3.248 | ** |
| H3：绩效规避目标导向-员工创业学习 | −0.165 | 0.043 | −3.825 | *** |
| H4：累积学习目标导向-认知投入 | 0.338 | 0.057 | 5.988 | *** |
| H5：绩效趋近目标导向-认知投入 | 0.207 | 0.053 | 3.786 | *** |
| H6：绩效规避目标导向-认知投入 | −0.115 | 0.058 | −2.252 | * |
| H7：累积学习目标导向-工作激情 | 0.281 | 0.051 | 4.863 | *** |
| H8：绩效趋近目标导向-工作激情 | 0.266 | 0.049 | 4.606 | *** |
| H9：绩效规避目标导向-工作激情 | −0.133 | 0.053 | −2.521 | * |
| H10：累积学习目标导向-刻意练习 | 0.372 | 0.049 | 7.002 | *** |

续表

| 路径关系 | 系数 | 标准差 S.E. | 组合信度 C.R. | 显著性水平 P |
|---|---|---|---|---|
| H11：绩效规避目标导向-刻意练习 | −0.231 | 0.054 | −4.511 | *** |
| H12：认知投入-员工创业学习 | 0.292 | 0.038 | 6.651 | *** |
| H13：工作激情-员工创业学习 | 0.098 | 0.042 | 2.299 | * |
| H14：刻意练习-员工创业学习 | 0.271 | 0.04 | 6.333 | *** |
| 科技型企业-员工创业学习 | 0.059 | 0.029 | 1.991 | * |

注：*表示 P<0.05，**表示 P<0.01，***表示 P<0.001

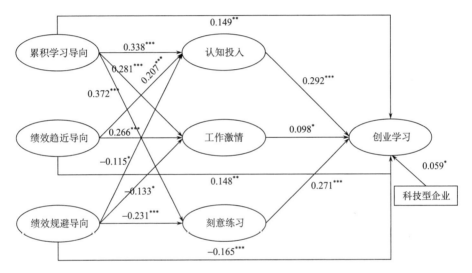

图 5.5　变量间作用关系路径图

注：*表示 P<0.05，**表示 P<0.01，***表示 P<0.001

## 5.3　假设检验结果分析

依据上文提出的目标导向对员工创业学习影响的假设关系模型，利用收集到的 639 份样本数据，采用 SPSS17.0 和 AMOS17.0 软件进行了基本统计分析和结构方程模型分析。分析结果表明，本书所提出的 24 条假设中，22 条得到数据支持，2 条假设未获得支持（表 5.10）。为了更加清晰地认识变量间的影响作用关系，本书将结合上文结构方程模型分析结果，并展开进一步分析。

**表 5.10　假设关系检验结果**

| 假设内容 | 检验结果 |
| --- | --- |
| H1：累积学习目标导向对员工创业学习具有正影响 | 支持 |
| H2：绩效趋近目标导向对员工创业学习具有正影响 | 支持 |
| H3：绩效规避目标导向对员工创业学习具有负影响 | 支持 |
| H4：累积学习目标导向对认知投入具有正向影响 | 支持 |
| H5：绩效趋近目标导向对认知投入具有正向影响 | 支持 |
| H6：绩效规避目标导向对认知投入具有负向影响 | 支持 |
| H7：累积学习目标导向对工作激情具有正向影响 | 支持 |
| H8：绩效趋近目标导向对工作激情具有正向影响 | 支持 |
| H9：绩效规避目标导向对工作激情具有负向影响 | 支持 |
| H10：累积学习目标导向对刻意练习具有正向影响 | 支持 |
| H11：绩效趋近目标导向对刻意练习具有正向影响 | 不支持 |
| H12：绩效规避目标导向对刻意练习具有负向影响 | 支持 |
| H13：认知投入对员工创业学习具有正向影响 | 支持 |
| H14：工作激情对员工创业学习具有正向影响 | 支持 |
| H15：刻意练习对员工创业学习具有正向影响 | 支持 |
| H16：认知投入在累积学习目标导向和员工创业学习间具有中介影响 | 支持 |
| H17：认知投入在绩效趋近目标导向和员工创业学习间具有中介影响 | 支持 |
| H18：认知投入在绩效规避目标导向和员工创业学习间具有中介影响 | 支持 |
| H19：工作激情在累积学习目标导向和员工创业学习间具有中介影响 | 支持 |
| H20：工作激情在绩效趋近目标导向和员工创业学习间具有中介影响 | 支持 |
| H21：工作激情在绩效规避目标导向和员工创业学习间具有中介影响 | 支持 |
| H22：刻意练习在累积学习目标导向和员工创业学习间具有中介影响 | 支持 |
| H23：刻意练习在绩效趋近目标导向和员工创业学习间具有中介影响 | 不支持 |
| H24：刻意练习在绩效规避目标导向和员工创业学习间具有中介影响 | 支持 |

（1）目标导向对员工创业学习的影响关系检验结果分析。

根据表 5.10 的结果可以看出，本部分 3 条假设中，全部获得数据支持。在累积学习目标导向、绩效趋近目标导向和绩效规避目标导向对员工创业学习的影响作用关系中，既有直接影响作用，还有间接影响作用。累积学习目标导向可以通过认知投入、工作激情和刻意练习对员工创业学习形成间接影响作用，影响系数分别为 0.098、0.028 和 0.101；绩效趋近目标导向可以通过认知投入和工作激情对员工创业学习形成间接影响作用，影响系数分别为 0.060 和 0.026；绩效规避目标导向可以通过认知投入、工作激情和刻意练习对员工创业学习形成间接影响作用，影响系数分别为–0.033、–0.013 和–0.063。此外，累积学习目标导向、绩效趋近目标导向和绩效规避目标导向对员工创业学习还分别具有显著的直接影响作用，影响系数分别为 0.149、0.148 和–0.165。

（2）员工目标导向对认知投入影响关系检验结果分析。

根据表 5.10 的结果可以看出，本部分 3 条假设中，全部获得数据支持。在累积学习目标导向、绩效趋近目标导向和绩效规避目标导向对认知投入的影响作用关系中，累积学习目标导向影响认知投入的作用关系较大，影响系数为 0.338；绩效趋近目标导向影响认知投入的作用关系较小，影响系数为 0.207；绩效规避目标导向对认知投入的影响为负向作用关系，影响系数为–0.115。

（3）员工目标导向对工作激情影响关系检验结果分析。

在累积学习目标导向、绩效趋近目标导向和绩效规避目标导向对工作激情的影响作用关系中，本书提出了 3 条假设关系，全部得到数据支持。从表 5.10 的结果可以看出，累积学习目标导向对工作激情具有显著的正向影响作用，影响系数为 0.281；绩效趋近目标导向对工作激情具有显著的正向影响作用，影响系数为 0.266；绩效规避目标导向对工作激情具有显著的负向影响作用，影响系数为 –0.133；累积学习目标导向对工作激情的影响作用要稍高于绩效趋近目标导向。

（4）员工目标导向对刻意练习影响关系检验结果分析。

在累积学习目标导向、绩效趋近目标导向和绩效规避目标导向对刻意练习的影响作用关系中，本书研究提出了 3 条假设关系，2 条假设得到数据支持，1 条假设没有得到支持。从表 5.10 的结果可以看出，累积学习目标导向对刻意练习具有显著的正向影响作用，影响系数为 0.372；绩效规避目标导向对刻意练习具有显著的负向影响作用，影响系数为–0.231；绩效趋近目标导向对刻意练习的影响作用关系不显著。

（5）认知投入、工作激情和刻意练习对员工创业学习影响关系检验结果分析。

本书提出，认知投入、工作激情和刻意练习对员工创业学习具有显著正向影响关系，3 条假设全部得到数据支持。从表 5.10 的结果可以看出，认知投入对员工创业学习的影响系数为 0.292，工作激情对员工创业学习的影响系数为 0.098，刻意练习对员工创业学习的影响系数为 0.271。其中，认知投入对员工创业学习的影响系数最大，刻意练习对员工创业学习的影响系数次之，工作激情对员工创业学习的影响系数最小。

（6）目标导向对员工创业学习的中介影响作用关系检验结果分析。

本书提出了以认知投入、工作激情和刻意练习为中介变量的 9 条中介影响作用关系假设，其中 8 条获得数据支持，1 条未获得数据支持。以认知投入、工作激情和刻意练习为中介变量,累积学习目标导向对员工创业学习的中介影响系数分别为 0.098、0.028 和 0.101,绩效规避目标导向对员工创业学习的中介影响系数分别为−0.033、−0.013 和−0.063;以认知投入和工作激情为中介变量,绩效趋近目标导向对员工创业学习的中介影响系数分别为 0.060 和 0.026;刻意练习在绩效趋近目标导向和创业学习间的中介影响作用不显著。

## 5.4　本 章 小 结

本章利用收集整理的大样本数据,结合前文提出的目标导向对员工创业学习影响的 24 条假设关系,进行了基础统计分析、结构方程模型检验及其结果分析。首先,通过对变量的描述性统计分析、变量相关性分析和同源偏差分析,掌握样本数据的分布特征、初步判断变量间的共同变化关系并检验样本的数据同源偏差程度。其次,根据员工目标导向对认知投入、工作激情和刻意练习的影响关系,以及认知投入、工作激情和刻意练习对员工创业学习的影响关系,构建了结构方程模型,分析结果表明 24 条假设中,22 条获得数据支持,2 条假设没有获得数据支持。

# 第6章　目标导向对员工创业学习影响的讨论与启示

为了厘清目标导向对员工创业学习行为的影响作用关系，本书借鉴了态度功能理论和态度内在结构理论，将目标导向视为动机层面变量，认知投入、工作激情和刻意练习视为员工工作态度层面变量，而员工创业学习作为外显行为变量，搭建起目标导向对员工创业学习的影响作用关系模型，认为员工的目标导向能够影响创业活动过程中员工的创业学习，还影响认知、情感和行为意向这三个态度的要素，而这三要素的一致性评价能够促进个体层面上的创业学习行为的产生。在此模型基础上，本书通过量表设计、样本数据收集和数据分析，对理论关系模型进行了数据验证，本章将在此基础上进行假设检验结果的深入分析和讨论，并提出管理启示。

## 6.1　研究结果讨论

按照本书所提模型框架的层级关系，研究结果的讨论将从目标导向对认知投入影响、目标导向对工作激情影响、目标导向对刻意练习影响，以及认知投入、工作激情和刻意练习对创业学习影响和目标导向对员工创业学习影响五个方面来进行讨论。

### 6.1.1　目标导向对认知投入影响的讨论

本书研究中，依据 Elliot 和 Harackiewicz（1996）提出的三因素理论，并根据 VandeWalle（1997）对三个维度的定义，将员工目标导向划分为员工的累积学习目标导向、员工的绩效趋近目标导向和员工的绩效规避目标导向。依据态度内在结构理论，态度包含了认知、情感和行为意向三个层面。因此 H4、H5 和 H6 分别为累积学习目标导向、绩效趋近目标导向和绩效规避目标导向对员工认知投入的影响。其中，累积学习目标导向和绩效趋近目标导向分别对员工的认知投入起到显著的正向作用，而绩效规避目标导向与员工认知投入具有负向影响。通过样本数据的回归分析，结果显示这三条假设关系成立。

正如上文所言，员工的目标导向是其认知投入的重要前因变量。持有累积学习目标导向的员工以学习为目的，关注自身能力的发展，通过获得新的知识和技能、掌握新的局面形势以此发展和提高自我（Luzadis，2011）。基于成就归因理论，这些员工将任务完成的成败原因归结为努力和坚持（Weiner，1979）。因此累积学习目标有利于员工设定更高的目标，并为之奋斗；花费更多的时间和精力尝试各种不同的工作方法以选取更优的方案；即便遇到挫折和困难仍坚持不懈，促进员工的持久力和奋发的程度，并使员工更加努力的投入工作。这个论证结果与宋亚辉（2015）在研究工作激情影响员工创造性绩效的中介机制中员工掌握目标导向与认知投入呈正相关的结论相互支持。Urdan（1997）也论证了掌握目标导向对任务专注的正向影响。现有的多个目标导向研究指出掌握目标导向并不会直接影响绩效，而是通过促进个体自适应的过程间接影响绩效结果，如学习的深入过程、坚持等（Elliot，2005；Vallerand，2007）。而绩效趋近目标导向的员工愿意选择自己有把握的、能出色完成的任务，以此得到他人对自己肯定的评价。虽然这些员工将任务完成的成败原因归结为能力，且认为能力是固定不变、无法得到发展的。但是为了获得优于他人的绩效和得到他人的肯定，这些员工会选择具有难度而因此需要投入更多的时间和注意力的任务。因此绩效趋近目标导向有利于员工对自身能力做出优化的判断，在新企业相对不稳定的创业环境中，主动的提高自身对工作任务的参与感。相对于绩效规避目标导向的员工在工作中害怕得到他人对自己负面的评价，因此选择回避对自身产生挑战的或自己没有信心完成的任务（VandeWalle，1997）。在新企业高度不确定性的情境中，完成工作任务本身就是一种挑战。因此绩效规避目标导向将对新企业的员工产生消极的情绪。在遇到困难或挫折时，导致退缩或躲避的行为，偏移正确的工作角色认知。

### 6.1.2 目标导向对工作激情影响的讨论

本书探索员工累积学习目标导向、绩效趋近目标导向和绩效规避目标导向对工作激情的影响关系，提出 H7、H8 和 H9 三个假设。其中，累积学习目标导向与绩效趋近目标导向对工作激情具有正向影响；而绩效规避目标导向与工作激情呈负相关的关系。通过样本数据的结构方程模型分析，结果显示这三条假设关系成立。

本书认为，三种目标导向对工作激情的作用类似其对认知投入的作用。累积学习目标导向有利于员工在工作中产生积极的情绪和心态，调动员工的积极性，激励了员工完成任务的兴趣，加强了员工工作的欲望。绩效趋近目标导向则驱使员工关注任务的绩效结果，基于获取认可、满足自尊心等需求和压力，使外部动机内化，促进了员工的工作动力，强化了员工对工作的依赖。而绩效规避目标导向通常容易给新企业的员工带来害怕、紧张、自卑的负面情绪，陷入消极怠工的恶性循环，削弱了员工工作的兴趣，弱化了工作存在的意义，不利于工作激情的产生。

### 6.1.3　目标导向对刻意练习影响的讨论

刻意练习作为描述态度层面行为意向的变量，本书提出 H10、H11 和 H12 三个假设。本书假设员工累积学习目标导向和绩效趋近目标导向分别对刻意练习具有正向影响，而绩效规避目标导向对员工的刻意练习起到负向的作用。然而通过数据的结构方程分析，只有两条假设通过了论证。绩效趋近目标导向对员工刻意练习具有正向影响的假设不成立。

持有累积学习目标导向的员工的工作动机是提高能力，这与刻意练习的目的性相吻合。为了提升自我，完成高难度的工作，累积学习目标导向将刺激员工完成更多的训练，通过重复活动提高自身的专业水平，促进员工积极的接受反馈，改进并完善工作经验。Vallerand（2007）认为刻意练习作为一个需要投入努力的活动变量，掌握目标导向对其具有显著正向的促进作用（Ericsson et al.，1993），这与本书结论一致。刻意练习是以提高能力为明确目的、反复改进和精心设计、需要付之努力的、经常性活动。这些活动通常都具有难度且经常会给予员工否定的反馈。绩效规避目标导向将引导员工参与简单的、不需要努力的工作任务，减少反馈的发生，因此回避刻意练习的活动。

绩效趋近目标导向与员工刻意练习正相关的假设不成立，本书认为原因主要有以下两点：首先，持有绩效趋近目标导向的员工虽然关注任务的结果，力求获取更优的绩效，但是他们完成任务的动机通常迫于外界的压力，比如与他人的竞争中展现能力、树立自身良好的工作形象、获取更优厚的薪资和奖励等。而刻意练习强调的是以满足自身进步的要求为动机的活动。这与绩效趋近目标导向的动机概念是相悖的。第二，如前文所说，刻意练习与一般的工作活动存在区别。比如，为了解决眼前的问题而不是为了完善和提高自己长期的知识储备而查阅资料，这就是工作中的一般活动。绩效趋近目标导向的员工可能过于看重任务的结果，更倾向于选择以直接完成任务为目标的一般活动，所以与刻意练习活动之间不存在相关的关系。

### 6.1.4　认知投入、工作激情和刻意练习对创业学习影响的讨论

新企业通常面临资源约束，没有绩效记录，产品或服务难以取得的顾客的信任等各种挑战，员工创业学习对于新企业高质高效地推出产品或服务具有至关重要的作用。创业者需要识别创业机会，获取和整合创业资源，把握企业的整体发展方向。而员工的创业学习更倾向于业务层面，员工需要通过创业学习克服新企业的资源约束。通过获取、整合和利用创业机会和创业资源的相关知识，员工可以高效地执行创业任务，成功推出产品或服务，最终产出并提高企业绩效。因此

员工创业学习对于新企业创业任务的完成具有关键意义。本书通过对认知、情感和行为意向三个层面的认知投入、工作激情和刻意练习的研究剖析了员工创业学习的影响因素，并提出 H13、H14 和 H15 三个假设。通过样本数据的结构方程分析，结果显示这三条假设关系成立。

本书提出假设 H13，认知投入对员工的创业学习起到正向的作用。认知投入从问题识别、信息搜寻和编码、创意产生三个层次分析，这本身就是一种信息知识获取并重新构建创造的认知式学习。从专注和注意的角度分析，认知投入有利于员工在工作任务中集中注意力，积极收集和运用信息，克服更多的困难和挑战（Sonnentag，2003），完成经验知识的积累。而基于人类信息处理理论（Kanfer et al.，1994；Norman and Bobrow，1975；Ho et al.，2011），认知注意的投入有利于促进个体产生更多的创意并以更完善的方式解决问题，提高个体对环境的敏感度，增强个体的前瞻性人格，积极地寻找和把握学习的机会。在资源和机会相对匮乏、动态性极不稳定的新企业环境中，高认知投入将对员工创业学习起到尤为重要的作用。

本书提出假设 H14，工作激情对员工创业学习具有显著正向影响作用的假设成立。新企业中，员工的学习往往受到资源、时间和精力等各种约束所带来的挑战，而工作激情能产生兴奋、活力和能量，将促进员工对工作任务的热情，提高员工在新企业创业过程中的参与感和情绪投入。和谐式激情有利于员工产生积极的情绪，在克服困难迎接挑战的过程中积极探索和开发经验知识，享受知识获取和累积的过程，促进员工的创业学习。

本书还从行为意向层面研究创业学习的影响因素，提出假设 H15，刻意练习对员工创业学习具有显著正向影响作用，且论证成立。刻意练习是反复改进和精心设计的、以探索开发新的知识为目的的特殊任务，其本身就为学习知识技术提供了最佳机会。新企业的各种创业环境特征对员工提出了更高的标准，普通的工作活动并不能完全满足员工创业学习的需求。而刻意练习将帮助员工更新现有的工作知识和经验，提高员工识别和开发机会的能力，并加强对创业动态环境快速变化的适应性。

### 6.1.5　目标导向对员工创业学习影响的讨论

本书探讨目标导向对员工创业学习之间的影响关系，首先提出了 H1、H2 和 H3 三个假设：累积学习目标导向、绩效趋近目标导向对员工创业学习均具有显著的正向影响，绩效规避目标导向对员工创业学习具有显著的负向影响；同时，为了更加清晰的厘清目标导向对员工创业学习之间的影响关系路径，还提出了中介影响作用假设 H16～H24：认知投入、工作激情和刻意练习在累积学习目标导向、绩效趋近目标导向和绩效规避目标导向对员工创业学习影响关系中起到中介作用。通过上文数据分析检验看出，累积学习目标导向和绩效趋近目标导向对员工创业学习具有显著的正向影响关系，绩效规避目标导向对员工创业学习具有显著的负向影响关系，假设 H1、H2 和 H3 均成立；累积学习目标导向通过认知投入、工作激情和刻意练习对员工创业学习具有显著的正向中介影响作用，绩效趋近目标导向通过认知投入和工作激情对员工创业学习具有显著的正向中介影响作用，绩效规避目标导向通过认知投入、工作激情和刻意练习对员工创业学习具有显著的负向中介影响作用，刻意练习在绩效趋近目标导向和员工创业学习间不存在显著的中介影响作用，假设 H23 不成立。

　　从检验结果可以看出，一方面肯定了累积学习目标导向、绩效趋近目标导向和绩效规避目标导向对员工创业学习具有显著影响。Hirst 等（2011）研究表明，不同目标导向对员工创造力有着不同的影响。累积学习目标导向有利于员工创造力的提高，鼓励其试错行为，致力于在完成任务的过程中探索"为什么"这么做的原因，从而有效驱动员工创业学习，进而促进新企业绩效的提高。拥有绩效趋近目标导向的员工在工作中更注重结果和"如何"达到这个结果，为了证明和展现自我能力，他们也会通过模仿等方式学习新知识掌握新技能，提高创新能力从而积累经验取得优异的工作绩效，得到他人好评。因此，绩效趋近目标导向能够促进员工创业学习。而绩效规避目标导向则会使员工害怕出错，无法接受失败以及接踵而来的负面评价，因而也不敢承担经验学习以及实践学习中所蕴含的风险。由于新企业特殊的创业环境，员工的工作任务具有更大的不确定性和挑战性以及更多隐藏的风险，为了避免失败，绩效规避目标导向的员工通常不会利用创造性思维和行动完成工作任务，因此会阻碍员工创业学习。

　　另一方面，通过进行目标导向对员工创业学习影响作用的中介作用检验，结果发现，认知投入、工作激情和刻意练习在目标导向对员工创业学习的影响作用过程中具有部分中介影响作用，在这些中介变量存在的同时，目标导向对员工创业学习仍具有显著的直接影响作用。持有累积学习目标导向的员工通常会认同创业活动的工作意义，并为了有效实现工作目标和任务，激励自己在工作中投入更多时间和精力（Shalley and Zhou，2008），努力收集相关信息、获取知识和提高技能（VandeWalle，2001），这就形成了高质量、高水平的认知投入；持有绩效趋近目标导向的员工为了展现自我能力、出色完成工作任务并获得他人的肯定评价，也将会投入大量的认知资源去收集和整理工作信息，认清工作任务的胜任程度；而持有绩效规避目标导向的员工在工作中会选择自己力所能及的工作，远离自己没有信心完成的工作任务，在创业活动中也将会避免自身认知资源的高水平投入。不同目标导向的员工影响自身认知资源的投入水平，而同时伴随着认知资源的不断投入，员工能够实现信息、知识和技能的有效获取、积累和创造，有利于经验知识的转化应用，促进员工创造新的结果，提高员工的创业学习（Shalley and Zhou，2008）。

持有累积学习目标导向的员工将工作视为宝贵的学习机会，更加倾向于选择富有挑战性的工作内容，认同工作的价值和意义，容易实现工作活动的外部动机向其自身认同的自主性内化过程，产生工作的和谐激情（Vallerand，2010）。持有绩效趋近目标导向的员工在社会认可、自尊和工作绩效目标等内心和人际压力下，被迫参与工作活动，并实现工作活动的外部动机向其身份认同的控制性内化，形成工作的强迫激情（Vallerand et al.，2003）。持有绩效规避目标导向的员工将工作看作是现有能力的证实活动，对工作过程不感兴趣，偏爱的工作较少，对工作的重要价值缺乏全面的认识，难以实现工作活动的外部动机内化过程，因此工作过程中缺乏挑战性和激情感。不同目标导向的员工在工作中表现出不同程度的工作激情，其中，强迫的工作激情使得员工不得不表现出对工作的积极状态，促使员工主动利用已有工作经验，不断实现知识的收集、获取和利用，从而实现创业学习过程；而和谐的工作激情则有利于实现工作和员工角色的自我整合，有利于员工客观、全面的认识自我和整合工作，实现已有工作经验的最大化探索和开发，促进经验学习、认知学习和实践学习活动的开展。

持有累积学习目标导向的员工愿意自己安排具有挑战性的工作活动，反复历练，能够清晰地认识到持续工作对改进自身行为的工具性价值，愿意采用刻意练习的行为方式来提升自我；而持有绩效规避目标导向的员工将会反复选择简单的工作内容，倾向于依靠已经掌握的方法来解决工作问题，而不愿通过探索性、创新性和风险性的方法进行尝试，将会阻碍刻意练习活动的开展。不同目标导向促使员工在创业活动中形成不同的刻意练习状态，而这种刻意练习倾向将会影响员工对经验知识的反复尝试，影响员工对外部经验、知识和信息的反思性学习以及对现有知识的实践应用和修正学习。

## 6.2　研究管理启示

本书依据新企业当中员工创业学习的实践问题，在相关理论和文献研究综述的基础上，引入认知投入、工作激情和刻意练习作为态度层面的变量，深入分析目标导向对员工创业学习的影响关系和作用路径，并根据问卷调查的大样本数据进行假设检验，得出可靠的研究结论。本书所获结论对促进员工创业学习和提高员工创业绩效具有一定的管理启示。

### 6.2.1　优化配备不同目标导向型员工

研究结果显示，累积学习目标导向、绩效趋近目标导向不仅可以直接促进员工创业学习行为的产生，而且还能够通过影响员工的认知投入、工作激情对其创业学习行为产生间接推动作用，累积学习目标导向还可以通过影响员工的刻意练习倾向对其创业学习行为产生正向影响作用；绩效规避目标导向对员工创业学习行为具有负向的影响作用。因此，在企业创业活动中，为了促进创业活动中员工个体创业学习行为的产生，需要优化配备持有不同目标导向特征的员工。

首先，新企业员工招聘时需要优先选择持有累积学习目标导向和绩效趋近目标导向的人员。新企业在日常运营过程中，许多工作环节需要员工表现出创业学习行为，以此来推动创新和创业行为的产生，提高企业创新创业绩效。那么在企业人员选聘时，就需要对员工的成就目标导向进行测试，优先选择和配备累积学习和绩效趋近目标导向型员工，对于具有创新个性、积极上进等有利于培养累积学习或绩效趋近目标导向人格特征的员工予以优先考虑，因为这些员工在企业创业活动中更加容易促进个体产生创业学习行为。

其次，新企业员工人员配备时需要根据工作性质分配具有不同目标导向的员工。在新企业中，大量的工作活动需要员工表现出高度的认知投入和工作激情，拥有积极的刻意练习倾向，以此来开展创业学习行为，推动工作任务的创新执行。因此，在进行员工人员配备时，就需要在研发、销售等需要大量学习和创新行为的岗位上，配备具有累积学习目标导向的员工；而在采购、生产以及财务等执行性业务活动岗位上，配备具有绩效趋近目标导向的员工；在那些基础保障性业务活动一线岗位上，可以考虑配备一些具有绩效规避目标导向的员工。

最后，企业需要引导员工树立正确的目标导向。目标导向虽然是一个相对稳定的个人特征，但是它仍然会受到个性和外部环境因素的影响。因此，当员工入职后企业一方面可以针对不同的目标导向类型，因人而异，安排不同的工作，另一方面还需要采取不同的鼓励引导方式帮助员工树立正确的目标导向。对累积学习目标导向的员工可以安排更多具有挑战性的、可以学习到更多新知识和新技能的工作，引导他们体会学习中获得的自我效能感和成就感，使员工继续保持良好的动机状态。对于持有绩效趋近目标导向的员工，企业应该强调建立有效的绩效考核评估体系，奖罚有度，公平公正。通过安排合适的工作任务，并将学习融入于工作任务中，激励员工在完成绩效展现能力的过程中进行学习，激励促进员工敢于表现自我，积极寻找和捕捉机会，果断采取行动，并引导他们逐渐建立正确的成败观，多思考在努力过程中的收获，以此提高他们的抗击打能力，从而表现出更多的学习和创新行为。同时，企业还应该塑造组织学习文化、完善团队学习系统和提供支持性环境，从而营造出有利于学习创新的工作氛围，赋予员工足够的信任和适当的资源，使员工感受到领导对学习拥护支持的态度，从多角度培养、鼓励和引导员工形成积极的目标导向。

### 6.2.2　利用外部激励刺激员工产生认知投入和工作激情

研究结果显示，认知投入和工作激情对员工创业学习行为具有显著的促进作用，同时还在目标导向和创业学习之间起到中介作用，可以看出，员工的认知投入和工作激情在新企业中对员工创业学习行为的推动具有重要作用。因此，在企业日常工作中，需要利用各种外部激励措施，刺激员工产生高度的认知投入和浓厚的工作激情，以此来推动个体创业学习行为的产生。

一方面，新创企业应该采用多种激励手段促进员工认知资源投入。首先，新企业可以根据员工目标导向的不同类型，引导员工选择有利于增加自我效能感的工作任务，鼓励员工探究工作任务中问题的本质，加强员工在职业领域中的身份认同感，强化员工在心理上对工作的重视。其次，企业还可以建立具有安全感的工作环境，给员工的家庭和生活给予关注，激励员工加大工作中的投入认知资源，为员工提供完成工作任务足够的信心。再者，企业还可以提高员工同企业的价值观契合度来提升其认知资源投入。通过宣传和培训企业价值观，让员工理解和认可企业价值观，减少员工和企业之间的认知冲突，促使员工充分认识到工作的内在价值，进而提高员工对工作的认同感，并完成工作价值和自我价值的统一。最后，新企业还应该关注员工在工作中的情绪，帮助员工减轻工作以外的压力，营造和谐愉快的工作氛围，以此促进员工的工作满意度，加强员工的工作参与感。

另一方面，在新企业中刚刚步入工作的员工，通常都精力充沛，充满了工作激情。但是在工作几年之后，工作的内容逐渐变成了重复性劳动，工作激情也随之减少。因此企业应该采用物质和精神激励刺激员工对工作产生和谐激情和强迫激情。首先，企业的主管应该正确识别员工的工作需求，根据不同目标导向型员工的自身需求，分配更有挑战性、内容更丰富，或能够得到领导赏识和获得成果认可的工作任务。其次，管理者需要为员工设计长远的工作成长计划，设置每个阶段的新工作目标和平衡的工作量。多使用正激励如鼓励、加薪、升职，而尽可能避免负激励如一味地批评或指责。再者，管理者应该主动保持和员工的沟通交流，使员工感受到自身被重视而提高责任感，督促员工不断完善自我。最后，企业还可以适当组织工作以外的团队娱乐活动，在增进员工之间交流的同时，释放员工心理上过度的工作压力，放松员工心情。

### 6.2.3　为员工开展刻意练习活动提供支持

研究结果显示，刻意练习对员工创业学习具有显著的正向促进作用，作用系数大小仅次于认知投入；同时，还在累积学习目标导向和员工创业学习之间起到重要的中介作用，同认知投入和工作激情相比较，刻意练习在累积学习目标导向和员工创业学习之间的中介作用系数最大。因此，本书认为刻意练习是促进员工开展个体创业学习活动的重要前置因素，新创企业需要为员工开展刻意练习活动提供全面的支持。

新企业在成长过程中，不仅难以获取外部资源，企业内部的资源结构和开发能力也极不稳定（Aldrich，2001）。因此创业者和员工的学习方式和活动显得尤为重要。刻意练习为员工解决学习的需要提供了一个富有高度实用性、灵活性和可适用性的工具。新企业中员工的刻意练习不但可以提高个人的业绩水平、企业绩效，还可以通过模范作用影响组织中其他的员工行为（王艳丽，2011）。因此，企业可以通过以下的方法为员工的刻意练习提供支持：培训员工的心理模拟训练，模拟工作情境中的核心业务和可能出现的问题，增加员工的工作经验，为未来工作任务做好充分准备；组织专业阅读和职业培训课程，通过浏览相关领域的期刊和杂志、网络视频等手段帮助员工了解业内信息；开展研讨会，增进员工之间、员工和领导之间以及企业内部人员和外界专家学者之间的交流，获取最新资料，更新员工的业内知识；鼓励员工与身边的家人或朋友讨论基础的工作问题，通过打破常规思维惯例的方式，使员工获取更新颖更大胆的新创意；召开员工大会，有利于员工进行头脑风暴，从而整合全体企业成员的智慧；督促员工采用观察他人和征询反馈等手段，寻求新的创业想法，更正可能出现的错误和偏差，加强员工知识的累积和完善。

## 6.3　本 章 小 结

依据上文对假设检验的结果，本章从员工累积学习目标导向、绩效趋近目标导向、绩效规避目标导向分别对认知投入、工作激情、刻意练习的影响，认知投入、工作激情、刻意练习对员工创业学习的影响以及目标导向对员工创业学习的影响这些方面对假设检验结果进行了深入的讨论，并基于此提出三条管理启示，分别为：优化配备不同目标导向型员工、利用外部激励刺激员工产生认知投入和工作激情以及为员工开展刻意练习活动提供支持。

# 第7章 结论与展望

## 7.1 研究的主要结论

基于新企业中对员工创业学习理论和实证研究的不足,本书梳理、归纳和总结了员工目标导向、认知投入、工作激情、刻意练习和创业学习的相关理论文献。通过借鉴态度功能理论和态度内在结构理论,构建了新企业环境中目标导向对员工创业学习影响的理论模型,剖析了目标导向对员工创业学习的影响及作用路径,并对大样本数据进行了实证检验和分析讨论,得到如下主要研究结论:

(1)本书界定了员工创业学习的概念,设计开发出了具有较高信度和效度的8问项测量量表。本书将员工创业学习界定为员工在新企业创业活动中获取、吸收、储存和运用创业知识的行为过程,包括经验式学习、认知式学习和实践式学习。其中,经验式学习是指员工在新企业通过反复试错等一系列过程将原有的从业经验转化为完成创业工作任务的知识,并运用于创业工作实践或创造新的创业知识的过程;认知式学习是指员工通过观察他人行为,吸取有利于完成创业工作任务的信息,并形成自身有价值的创业知识;实践式学习是指员工通过亲身参与创业实践活动完善原有的创业知识,纠正知识与现实的偏差,形成新的创业活动知识和经验。同时,本书经过规范的量表开发流程,最终确定出8问项的员工创业学习量表,具有较高的信度和效度水平。

(2)本书依据态度功能理论和态度内在结构理论,构建了以工作态度层面三要素为中介变量的目标导向对员工创业学习影响的理论模型框架。本书认为,新企业中员工的目标导向能够影响他们在创业活动过程中的认知、情感和行为倾向,而工作态度三个要素的评价能够促进个体层面上创业学习的产生。其中,员工目标导向属于动机层面概念,包括累积学习目标导向、绩效趋近目标导向和绩效规避目标导向;工作态度是员工对创业活动所产生的综合性评价,包括认知投入、工作激情和刻意练习三个层面要素;员工创业学习是个体行为层面概念,属于员工内在工作态度多层面要素综合评价的外显行为表现。

(3)本书建立了目标导向对员工创业学习影响的理论假设关系模型,提出了24条变量间作用关系假设,并通过样本数据进行了实证检验,结果显示22条假设获得数据支持,2条假设没有获得支持。研究结果显示"目标导向—工作态度—创业行为"的模型可以清晰地解释目标导向对员工创业学习的影响关系。当新企业员工在参与和执行创业活动的过程中，员工在通过持有不同的目标导向直接影响员工的创业学习的同时，还能够影响认知投入、工作激情和刻意练习三个层面要素，并进而作用于员工创业学习。但是，绩效趋近目标导向对员工刻意练习行为的影响不显著，刻意练习在绩效趋近目标导向和创业学习之间的中介影响作用也不显著。

（4）本书根据假设检验结果对新创企业提出了管理启示，认为新创企业应该优化配备不同目标导向型员工、利用外部激励刺激员工产生认知投入和工作激情以及为员工开展刻意练习活动提供支持。

## 7.2　研究的创新之处

本书以解决新企业中员工创业学习管理实践问题、弥补现有学术理论研究缺失为出发点，以社会认知理论、成就动机理论、认知学习理论和经验学习理论为基础，结合目标导向、认知投入、工作激情和刻意练习和员工创业学习相关研究文献现状，借鉴态度功能理论和态度内在结构理论的内容，构建出目标导向对员工创业学习影响的理论模型，详细解析了目标导向对员工创业学习的影响关系路径，科学设计了相关研究方法，规范检验了研究假设关系，并依照数据分析结果进行了深入讨论。该研究过程具有多个方面的创新内容。

（1）提出员工创业学习的概念，从新的视角扩展创业学习的研究。

创业学习的研究还处于起步阶段，虽然近年来引起了许多学者的注意，但是大多数的研究仅针对创业学习的概念、内涵和构成，研究内容过于笼统，对于其影响因素分析的实证研究较少。而且这些实证文献更注重新企业中的创业者，一直致力于研究创业者的创业动机、选择、持久力和心理因素等（Stewart et al.，2003）。研究认为，新企业的组织结构单一，管理模式完整性欠缺。企业规模的限制使机会和信息资源受到约束，因此企业的发展可能主要依靠创业者的管理与决策，强调创业者在创业学习中的重要性。然而现实工作环境中，新企业的员工才是决策实施和任务执行的主体。员工所拥有的知识、技能以及判断力也是确保创业成功的关键因素（Allen et al.，1997）。因此创业过程中不能忽视员工的参与，员工创业学习对于新企业创业任务的完成具有关键意义。研究员工个体的创业学习对于丰富创业学习理论具有至关重要的作用，探索员工个体创业学习的前因变量也成为创业学习领域亟待解决的问题。针对员工创业学习作为研究主体的理论文献的缺失，本书强调新企业中员工作为创业学习主体的重要性，提出员工创业学习的概念。

（2）构建了员工创业学习的前置因素影响模型，揭示了目标导向对创业学习的直接影响。

创业学习可视为创业活动的核心，新企业生存和发展的关键，是个体创业能力形成和提升的基础。关于创业学习的实证文献主要是探讨创业学习和结果变量之间的关系，如对创业绩效、创业能力或新企业成长的影响。也因此充分认识到新企业在应对高强度的环境动态性和资源约束性时，更新和积累知识经验的创业学习过程的重要性。然而，目前对创业学习的产生和前置变量的研究甚少。基于社会控制理论，创业学习作为一个描述学习过程的行为变量，一方面基于环境因素的影响，一方面更是受到个体特征的作用。因此本书提出员工目标导向作为一个重要的个体动机概念将对员工的创业学习产生影响。研究基于员工个体层面，分别从累积学习目标导向、绩效趋近目标导向和绩效规避目标导向三个维度分析对员工创业学习的作用机制，弥补了创业学习前置变量理论研究的不足，为今后国内外学者探讨影响创业学习的个人特征变量的研究提供支撑。

（3）以工作态度三层面要素为中介变量，深入剖析验证了不同目标导向对员工创业学习的影响关系，提出了相关管理启示。

基于目标导向对员工创业学习影响作用的提出，本书进一步探讨了目标导向对员工创业学习影响作用的路径关系。依据态度功能理论，个体需求动机将影响个体形成不同的态度，而这种态度将促使个体对相似的事物产生一致的外显行为。因此本书提出员工不同的目标导向类型反映了个体不同的成就需求动机，通过作用于员工的工作态度，最终进一步影响员工的创业学习行为。而依据态度内在结构理论，态度是一个多要素构成的综合概念，包括认知、情感和行为意向三大要素。本书引入认知投入、工作激情和刻意练习，分别描述员工在创业活动中认知资源投入的程度、员工对工作活动喜爱和热情的强烈情绪，以及员工为了提升自我持续开展大量周期性工作的行为准备。通过分析员工累积学习目标导向、绩效趋近目标导向、绩效规避目标导向对认知投入、工作激情、刻意练习的作用关系，以及认知投入、工作激情、刻意练习和员工创业学习的影响关系，建立目标导向对员工创业学习的作用路径。本书利用结构方程分析结果，测算并分析了目标导向对创业学习路径关系系数，结果显示本书提出的理论模型基本得到了较好的验证。基于研究结论提出了新企业激励员工积极的目标导向，促进员工认知投入、工作激情和刻意练习的管理启示，为新企业实践提供了重要且创新的指导意义。

## 7.3　研究局限和展望

随着研究讨论工作的不断深入展开，经过对研究理论关系模型进行假设关系检验的结果分析和讨论总结，作者发现本书内容仍存在一些不足之处，还有一些值得以后继续探讨的问题，主要包括以下几个方面。

（1）控制变量的影响问题。

本书选用的控制变量主要包括工作年限、岗位性质和行业类型。在结构方程分析中行业类型对因变量表现出了显著的影响作用。由于控制变量不属于本书的主要变量，故此，本书中并未对其进行深入的分析和讨论。然而，从 AMOS 结构方程的结果研究发现，行业类型对创业学习有着显著的影响作用。其中，行业类型主要分为科技型企业和非科技型企业。可以看出，在研究员工目标导向和创业学习的模型中，不同的行业类型对员工个体的创业学习具有不同的表现状态，存在着差异性。科技型企业对员工个体创业学习的作用系数为 0.078，且影响显著。因此，这就需要在以后的研究中，分行业对目标导向同员工创业学习之间的影响关系进行细致的研究。

（2）环境变量的影响问题。

本书的理论模型为员工目标导向通过对认知投入、工作激情和刻意练习的影响，最终对员工个体创业学习产生作用。该理论的提出建立在员工个体层面，剖析员工个体在工作情境中内在动机倾向对行为结果的影响。而基于社会控制理论，个体在组织中的行为是由个体内在控制力量和外在控制力量共同驱动作用的结果。社会认知理论也提出，个体的行为由两种因素决定，一种是外界环境因素，另一种是个体内在思维活动。新企业处于企业发展的初创期，因此企业内部的资源结构和开发能力也极不稳定。员工通常都处于管理模式并不完善的工作环境中，面临着资金、信息和技术等资源的匮乏。同时，也正因为企业内部的高度动态性和资源局限性，员工更可能缺乏安全感而存在高度的脆弱性。因此企业内部的组织文化等组织环境因素对员工的影响作用会更加明显。据此，今后在研究员工目标导向对个体创业学习的影响路径中，需要考虑员工工作环境因素，如领导成员交换关系、学习的支持性环境等对个体目标导向与创业学习之间关系的影响作用。

（3）在新企业不同发展阶段对比分析员工的创业学习。

在新企业创建阶段，由于企业规模较小、员工人数较少、组织结构也相对不够完善，虽然承担主要风险的是创业者，但是作为新企业中的员工也将感知到创业环境的压力，以及创业者施加的紧张感，而使其具有较强的学习动力。当新企业逐步稳定，走出存活期、进入成长阶段时，新企业的不确定性将极大地降低，而使员工从一定程度上解除紧张感，得到压力的释放。因此在今后的研究中，需要将新企业分为不同的发展阶段，分别研究不同阶段下的员工目标导向对其创业学习的影响机制，并比较影响作用的差异性。

# 参 考 文 献

蔡莉, 单标安, 汤淑琴, 等. 2012. 创业学习研究回顾与整合框架构建, 外国经济与管理, 34(5): 1-8.

曹威麟, 谭敏, 梁樱. 2012. 自我领导与个体创新行为——一般自我效能感的中介作用. 科学学研究, 30(159): 1110-1118.

陈海涛, 蔡理, 杨如冰. 2007. 创业机会识别影响因素作用机理模型的构建. 中国青年科技, 1: 4-10.

陈俊. 2007. 社会认知理论的研究进展. 社会心理科学, 22(1-2): 59-62.

陈文婷, 李新春. 2010. 中国企业创业学习: 维度与检验. 经济管理, 32(8): 63-72.

陈晓萍, 徐淑英, 樊景立. 2008. 组织与管理研究的实证方法. 北京: 北京大学出版社.

单标安, 蔡莉, 鲁喜凤, 等. 2014. 创业学习的内涵、维度及其测量. 科学学研究, 32(12): 1867-1875.

单标安. 2013. 基于中国情境的创业网络对创业学习过程的影响研究. 吉林: 吉林大学.

郝宁, 吴庆麟. 2009. 职业专长发展中刻意训练的效用与规律. 华东师范大学学报(教育科学版), 27(4): 52-58.

贾薇, 张明立, 王宝. 2009. 顾客价值在顾客参与和顾客满意关系中的中介效应研究. 中国工业经济, (4): 105-115.

李桂华, 卢宏亮. 2010. 供应商品牌溢出价值、品牌关系质量与采购商重复购买意向: 基于采购商视角. 南开管理评论, 13(4): 71-82.

李怀祖. 2004. 管理研究方法论. 西安: 西安交通大学出版社.

李林. 2006. 态度与行为关系的预测因素考察. 闽江学院学报, 27(1): 116-119.

李晓侠. 2005. 关于社会认知理论的研究综述. 阜阳师范学院学报(社会科学版), (2): 87-89.

刘井建. 2011. 创业学习对新创企业成长绩效的作用机理研究. 哈尔滨工程大学学报, 32(4): 519-524.

路琳, 常河山. 2007. 目标导向对个体创新行为的影响研究. 研究与发展管理, 19(6): 44-51.

孟慧, 范津砚, 柳菁. 2007. 目标定向与适应: 社会自我效能感的中介作用. 心理发展与教育, 23(1): 54-58.

孟慧, 梁巧飞, 时艳阳. 2010. 目标定向、自我效能感与主观幸福感的关系. 心理科学, 33(1): 96-99.

戚立思. 2010. 目标导向对员工创新精神的影响: 学习型组织的调节作用. 太原: 山西大学.

钱贤鑫. 2014. 库伯的经验学习理论及特征分析. 现代企业教育, 453(10): 300.

宋亚辉. 2015. 企业员工的工作激情与工作绩效的关系. 北京: 北京科技大学.

王艳丽. 2011. 创业激情对创业绩效的影响: 以情感和刻意练习为中介变量. 北京: 中央财经大学.

王艳双. 2010. 库伯的经验学习理论述评. 经营管理者, (6): 8.

王雁飞, 凌文辁, 朱瑜. 2003. 成就目标定向理论中的中介变量研究. 心理科学, 26(2): 366-367.

王雁飞, 凌文辁, 朱瑜. 2004. 成就目标定向、自我效能与反馈寻求行为的关系. 心理科学, 27(1): 31-33.

吴明隆. 2010. 结构方程模型: AMOS 的操作和应用. 重庆: 重庆大学出版社.

谢礼珊, 关新华, 邹佩芳. 2013. 会展企业员工学习导向和主动性人格对员工创造力的影响: 创造自我效能感的中介作用. 中大管理研究, 8(3): 80-100.

谢雅萍, 黄美娇, 陈小燕. 2014. 国外创业学习研究综述: 基于认知、经验、网络和能力视角研究的比较与融合. 技术经济, 33(1): 75-124.

许正良. 2004. 管理研究方法. 长春: 吉林大学出版社.

薛薇. 2008. 统计分析与 SPSS 的应用. 北京: 中国人民大学出版社.

杨浩, 杨百寅. 2015. 变革型领导对员工创造力的影响——基于认知投入的视角. 技术经济, 34(12): 7-14.

叶峥, 郑健壮. 2014. 集群企业网络特征与创业行为: 基于创业能力的实证研究. 科研管理, 35(1): 58-65.

张剑, 宋亚辉, 叶岚, 等. 2014. 工作激情研究: 理论及实证. 心理科学进展, 22(8): 1269-1281.

张学和, 宋伟, 方世建. 2013. 成就动机理论视角下的知识型员工个体创新绩效实证研究: 基于部分科技型组织的调查数据分析. 科学学与科学技术管理, 34(1): 164-171.

张轶文, 甘怡群. 2005. 中文版 Utrecht 工作投入量表(UWES)的信效度检验. 中国临床心理学杂志, 13(3): 268-281.

郑雅琴, 贾良定, 尤树洋. 2014. 灵活性人力资源管理系统与心理契约满足: 员工个体学习目标导向和适应性的调节作用. 经济管理, 36(1): 67-76.

朱红灿. 2014. 大学生学习投入影响因素的研究: 基于学习行为投入、情感投入、认知投入维度. 高教论坛, (4): 36-40.

朱孟艳. 2012. 库伯经验学习理论视域下成人学习模式构建研究. 吉林: 吉林大学.

朱秀梅, 张婧涵, 肖雪. 2013. 国外创业学习研究演进探析及未来展望. 外国经济与管理, 35(12): 35-42.

Aamir A C, Buckley F. 2010. Assessing the effects of organizational identification on in-role job performance and learning behaviour: the mediating role of learning goal orientation. Personnel Review, 39(2): 242-258.

Aldich H E, Martinez M A. 2001. Many are called, but few are chosen: an evolutionary perspective for the study of entrepreneurship. Entrepreneurship, Theory & Practice Journal, 25(4): 41-56.

Allen R E, Lucero M A, van Norman K L. 1997. An examination of the individual's decision to participate in an employee involvement program. Group & Organization Management, 22(1): 117-143.

Allport G W. 1935. Attitudes. Handbook of Social Psychology, 35(11): 798-844.

Allport G W. 1955. Becoming: Basic Considerations for a Psychology of Personality. New Haven: Yale University Press.

Amabile T M. 1983. The social psychology of creativity: a componential conceptualization. Journal of Personality and Social Psychology, 45(2): 357-376.

Ames C, Ames R, Felker D W. 1977. Effects of competitive reward structure and valence of outcome on children's achievement attributions. Journal of Educational Psychology, 69: 1-8.

Ames C, Archer J. 1988. Achievement goals in the classroom: students learning strategies and motivation processes. Journal of Educational Psychology, 80: 260-267.

Anderson N H, Brehmer B, Jungerman H, et al. 1986. A cognitive theory of judgment and decision//Brehmer B, Jungermann H, Lourens P, et al. Information Integration Theory, Volume I: Cognition: 105-142.

Baek K J, Kathryn J R. 2012. Career satisfaction: the influences of proactive personality, performance goal orientation, organizational learning culture, and leader-member exchange quality. Career Development International, 17(3): 276-295.

Bakker A B, Demerouti E, Brummelhuis L L T. 2012. Work engagement, performance, and active learning: the role of conscientiousness. Journal of Vocational Behavior, 80(2): 555-564.

Bandura A, Locke E A. 2003. Negative self-efficacy and goal effects revisited. Journal of Applied Psychology, 88(1): 87-99.

Bandura A. 1978. Social learning theory of aggression. Journal of Communication, 28(3): 12-29.

Bandura A. 1982. Self-efficacy mechanism in human agency. American Psychologist, 37: 122-147.

Bandura A. 1986. Social foundations of thought and action. Journal of Applied Psychology, 12(1): 169.

Baron R A. 2008. The role of affect in the entrepreneurial process. Academy of Management Review, 33(2): 328-340.

Bontis N, Crossan M M, Hulland J. 2002. Managing an organizational learning system by aligning stocks and flows. Journal of Management Studies, 39(4): 437-469.

Breugst N, Domurath A, Patzelt H, et al. 2012. Perceptions of entrepreneurial passion and employees' commitment to entrepreneurial ventures. Entrepreneurship Theory and Practice, 36(1): 171-192.

Brown S, Huning T. 2010. Intrinsic motivation and job satisfaction: the intervening role of goal orientation//Proceedings of the Academy of Organizational Culture, Communications and Conflict, 15(1): 1-5.

Bruin A B H D, Rikers R M J P, Schmidt H G. 2007. The influence of achievement motivation and chess-specific motivation on deliberate practice. Journal of Sport & Exercise Psychology, 29(5): 561-583.

Buckley F, Chughtai A. 2010. Assessing the effects of organizational identification on in-role job performance and learning behaviour: the mediating role of learning goal orientation. Personnel Review, 39(2): 242-258.

Bulter R. 1987. Task-involving and ego-involving properties of evaluation: effects of different feedback conditions on motivational perceptions, interests, and performance. Journal of Educational Psychology, 79: 474-482.

Butler R, Neuman O. 1995. Effects of task and ego achievement goals on help-seeking behaviors and attitudes. Journal of Educational Psychology, 87: 261-271.

Button S B, Mathieu J E, Zajac D M. 1996. Goal orientation in organizational research: a conceptual and empirical foundation. Organizational Behavior and Human Decision Processes, 67(1): 26-48.

Callero P L. 1985. Role-identity salience. Social Psychology Quarterly, 48(3): 203-214.

Carbonneau N, Vallerand R J, Fernet C. 2008. The role of passion for teaching in intrapersonal and interpersonal outcomes. Journal of Educational Psychology, 100(4): 977-987.

Cardon M S, Gregoire D A, Stevens C E, et al. 2013. Measuring entrepreneurial passion: conceptual foundations and scale validation. Journal of Business Venturing, 28(3): 373-396.

Cardon M S, Stevens C E. 2009. The discriminant validity of entrepreneurial passion. Academy of Management Proceedings, 1: 1-6.

Casson M. 1982. The Entrepreneur: An Economic Theory. Oxford: Martin Robertson.

Cellar D F, Stuhlmacher A F, Young S K, et al. 2011. Trait goal orientation, self-regulation, and performance: a meta-analysis. Journal of Business and Psychology, 26(4): 467-483.

Chandler G N, Lyon D W. 2009. Involvement in knowledge-acquisition activities by venture team members and venture performance. Entrepreneurship Theory and Practice, 33(3): 571-592.

Chase W G, Simon H A. 1988. The mind's eye in chess. Readings in Cognitive Science, (3): 461-494.

Chaudhuri A, Holbrook M B. 2001. The effects from brand trust and brand affect to brand performance: the role of brand loyalty. Journal of Marketing, 65(2): 81-93.

Chen W, Li X. 2009. Entrepreneurial learning in new ventures: dimensions developing and structure testing//International Conference on Management Science & Engineering: 1677-1684.

Chen X, Yao X, Kotha S. 2009. Entrepreneur passion and preparedness in business plan presentations: a persuasion analysis of venture capitalists' funding decisions. Academy of Management Journal, 52(1): 199-214.

Chi M T H, Glaser R, Rees E. 1982. Expertise in problem solving. Advances in the Psychology of Human Intelligence, 1: 1-75.

Churchill G A. 1979. A paradigm for developing better measures of marketing constructs. Journal of Marketing Research, 16: 64-73.

Coelho F, Augusto M. 2010. Job characteristics and the creativity of frontline service employees. Journal of Service Research, 13(4): 426-438.

Coon D. 2001. Introduction to Psychology: Gateway to Mind and Behavior. Cambridge: Wadsworth Publishing.

Cope J, Watts G. 2000. Learning by doing: an exploration of experience, critical incidents and reflection in entrepreneurial learning. International Journal of Entrepreneurial Behavior and Research, 6(3): 104-124.

Cope J. 2003. Entrepreneurial learning and critical reflection. Management Learning, 34(4): 429-450.

Cope J. 2005. Toward a dynamic learning perspective of entrepreneurship. Entrepreneurship Theory and Practice, 29(4): 373-397.

Corbett A C. 2005. Experiential learning within the process of opportunity identification and exploitation. Entrepreneurship Theory and Practice, 29(4): 399-491.

Corbett A C. 2007. Learning asymmetries and the discovery of entrepreneurial opportunities. Journal of Business Venturing, 22(1): 97-118.

Crick D. 2011. Enterprising individuals and entrepreneurial learning. International Journal of Entrepreneurial Behaviour & Research, 17(2): 203-218.

Curral L, Marques Q. 2009. Self-leadership and work role innovation-testing a mediation model with goal orientation and work motivation. Revista De PsicologíA Del Trabajo Y De Las Organizaciones, 25(2): 165-176.

Deakins D, Freel M. 1988. Entrepreneurial learning and the growth process in SMEs. The Learning Organization, 5(3): 144-155.

Dencker J C, Gruber M, Shah S. 2009. Pre-entry knowledge, learning, and the survival of new firms. Organization Science, 20(3): 516-537.

Devellis R F. 1996. A consumer's guide to finding, evaluating, and reporting on measurement instruments. Arthritis Care and Research, 9: 239-245.

Diener C I, Dweck C S. 1978. An analysis of learned helplessness: continuous changes in performance, strategy, and achievement cognitions following failure. Journal of Personality and Social Psychology, 36(5): 451-462.

Duda J L, Nicholls J G. 1992. Dimensions of achievement motivation in schoolwork and sport. Journal of Educational Psychology, 84: 1-10.

Duda J L, Whitchead J. 1998. The measurement of goal perspectives in the physical domain. Advances in Sport and Exercise Psychology Measurement: 21-48.

Duda J L. 1989. Relationship between task and ego orientation and the perceived purpose of sport among high school athletes. Journal of Sport & Exercise Psychology, 11(3): 318-335.

Dunn T G, Shriner C. 1999. Deliberate practice in teaching: what teachers do for self-improvement. Teaching & Teacher Education, 15(6): 631-651.

Dweck C S, Elliott E S. 1983. Achievement motivation. Socialization, Personality, and Social Development: 643-691.

Dweck C S, Leggett E L. 1988. A social cognitive approach to motivation and personality. Psychological Review, 95(2): 256-273.

Dweck C S. 1986. Motivational processes affecting learning. American Psychologist, 41(10): 1040-1048.

Eagly A H, Chaiken S. 1993. The Psychology of Attitudes. New York: Harcourt Brace Jovanovich College Publishers.

Elliot A J, Church M A. 1997. A hierarchical model of approach and avoidance achievement motivation. Journal of Personality and Social Psychology, 72: 218-232.

Elliot A J, Harackiewicz J M. 1996. Approach and avoidance achievement goals and intrinsic motivation: a mediational analysis. Journal of Personality and Social Psychology, 70: 461-475.

Elliot A J, Mcgregor H A. 2001. A 2×2 achievement goal framework. Journal of Personality and Social Psychology, 80(3): 501-519.

Elliot A J. 1999. Approach and avoidance motivation and achievement goals. Educational Psychologist, 34: 169-189.

Elliot A J. 2005. A conceptual history of the achievement goal construct//Elliot A J, Dweck C S. Handbook of Competence and Motivation. New York: Guilford Publications.

Elliott E S, Dwecj D S. 1988. Goals: an approach to motivation and achievement. Journal of Personality and Social Psychology, 54: 5-12.

Ericsson K A, Krampe R T, Tesch-Roemer C. 1993. The role of deliberate practice in the acquisition of expert performance. Psychological Review, 100: 363-406.

Erikson T. 2003. Towards a taxonomy of entrepreneurial learning experience among potential entrepreneurs. Journal of Small Business and Enterprise Development, 10: 106-112.

Fazio R H. 1989. On the power and functionality of attitudes: the role of attitude accessibility. Attitude Structure and Function: 153-179.

Felder R M, Silverman L K. 1988. Learning and teaching styles in engineering education. Engineering Education, 78: 674-681.

Ford M E, Nichols C W. 1991. Using goal assessments to identify motivational patterns and facilitate behavioral regulation and achievement. Advances in Motivation and Achievement, 7: 51-84.

Forest J, Mageau G A, Sarrazin C, et al. 2011. "Work is my passion": the different affective, behavioural, and cognitive consequences of harmonious and obsessive passion toward work. Canadian Journal of Administrative Sciences, 28(1): 27-40.

Fornell C, Larcker D F. 1981. Evaluating structural equation models with unobservable variables and measurement error. Journal of Marketing Research, 18(1): 39-50.

Frank J D, Frank J B. 1993. Persuasion and Healing: A Comparative Study of Psychotherapy. New York: The Johns Hopkins University Press.

Freud S. 1992. Group Psychology and the Analysis of the Ego. London: International Psychoanalytic Press.

Frijda N H, Mesquita B, Sonnemans J, et al. 1991. The duration of affective phenomena or emotions, sentiments and passions. International Review of Studies on Emotion, 1: 187-225.

Gano O, Lori A, Ewing M E. 2004. A longitudinal perspective of the relationship between perceived motivational climate, goal orientations, and strategy use. Research Quarterly for Exercise and Sport, 75(3): 315-325.

Glasser W. 1976. Positive Addiction. New York: Harper & Row.

Goffman E. 1961. Asylums. New York: Doubleday Anchor.

Gong Y, Kim T, Lee D, et al. 2013. A multilevel model of team goal orientation, information exchange, and creativity. Academy of Management Journal, 56(3): 827-851.

Greeno J G, Collins A M, Resnick L B. 1996. Cognition and learning//Berliner D C, Calfee R C. Handbook of Educational Psychology. New York: Macmillan.

Hamilton E. 2011. Entrepreneurial learning in family business. Journal of Small Business and Enterprise Development, 18(1): 8-26.

Harris E G, Mowen J C, Brown T J. 2005. Re-examining salesperson goal orientations: personality influencers, customer orientation, and work satisfaction. Journal of Academy of Marketing Science, 33(1): 19-35.

Herron L, Robinson R B. 1993. A structural model of the effects of entrepreneurial characteristics on venture performance. Journal of Business Venturing, 8(3): 281-294.

Hirst G, van Knippenberg D, Chen C, et al. 2011. How does bureaucracy impact individual creativity? a cross-level investigation of team contextual influences on goal orientation-creativity relationships. Academy of Management Journal, 54(3): 624-641.

Ho V T, Pollack J M. 2014. Passion isn't always a good thing: examining entrepreneurs' network centrality and financial performance with a dualistic model of passion. Journal of Management Studies, 51(3): 433-459.

Ho V T, Wong S S, Lee C H. 2011. A tale of passion: linking job passion and cognitive engagement to employee work performance. Journal of Management Studies, 48: 26-47.

Hoang C L. 2013. The relationship among learning orientation, market orientation, entrepreneurial orientation, and firm performance of Vietnam marketing communications firms. Philippine Management Review, 20: 37-46.

Holcomb T R, Ireland R D, Hhomles R M, et al. 2009. Architecture of entrepreneurial learning: exploring the link among heuristics, knowledge, and action. Entrepreneurship Theory and Practice, 33(1): 167-192.

Hughs M, Hughs P, Morgano R E. 2007. Exploitative learning and entrepreneurial orientation alignment in emerging young firms: implications for market and response performance. British Journal of Management, 18(4): 359-375.

Hyllegard R, Yamamoto M. 2007. Testing assumptions of deliberate practice theory relevance, effort, and inherent enjoyment of practice with a novel task: study ii. Perceptual & Motor Skills, 105(2): 435-446.

Jagacinksi C M, Nicholls J G. 1987. Competence and affect in task involvement and ego involvement: the impact of social comparison information. Journal of Educational Psychology, 79: 107-114.

Joo B K, Park S. 2010. Career satisfaction, organizational commitment, and turnover intention-the effects of goal orientation, organizational learning culture and developmental feedback. Leadership & Organization Development Journal, 31(6): 482-500.

Kahn W A. 1990. Psychological conditions of personal engagement and disengagement at work. Academy of Management Journal, 33(4): 692-724.

Kanfer R, Ackerman P L, Murtha P L, et al. 1994. Goal setting, conditions of practice, and task performance: a resource allocation perspective. Journal of Applied Psychology, 79(6): 826-835.

Kanungo R N, Misra S. 1988. The bases of involvement in work and family contexts. International Journal of Psychology, 23: 267-282.

Kataria A, Gara P, Rastogi R. 2013. Does psychological climate augment OCBs? The mediating role of work engagement. The Psychologist-Manager Journal, 16(4): 217.

Katz D. 1960. The functional approach to the study of attitudes. Public Opinion Quarterly, 24(2): 163-204.

Kelloway E K. 1998. Using LISREL for structural equation modeling: a researcher's guide. Canadian Psychology, 40(4): 381-383.

Kirzner I M. 1979. Perception, Opportunity and Profit. Chicago: University of Chicago Press.

Kline R. 1998. Software programs for structural equation modeling: AMOS, EQS and LISREL. Journal of Psychoeducational Assessment, 16: 302-333.

Kolb D A. 1984. Experiential Learning: Experience as the Source of Learning and Development. Englewood: Prentice Hall.

Lans T, Biemans H, Versteden J, et al. 2008. The influence of the work environment on entrepreneurial learning of small-business owners. Management Learning, 39(5): 597-613.

Lapiere R T. 1934. Attitudes versus actions. Social Forces, 13: 230-237.

Lave J, Wenger E. 1991. Situated Learning: Legitimate Peripheral Participation. Cambridge: Cambridge University Press.

Lee O F, Tan J A, Javalgi R J. 2010. Goal orientation and organizational commitment-individual difference predictors of job performance. International Journal of Organizational Analysis, 18(1): 129-150.

Lin S, Chang J. 2005. Goal orientation and organizational commitment as explanatory factors of employees' mobility. Personnel Review, 34(3): 331-353.

Locke E A. 1968. Generalizing from laboratory to field: ecological validity or abstraction of essential elements. Generalizing From Laboratory to Field Settings: 3-9.

Locke E A. 1993. The Traits of American Business Heroes. Washington: University of Maryland.

Lubell M. 2000. Cognitive conflict and consensus building in the national estuary program. American Behavioral Scientist, 4(44): 629.

Lumpkin G T, Hills G, Shrader R. 2004. Opportunity recognition//Welsch H P. Entrepreneurship: The Way Ahead. New York: Routledge.

Lumpkin G T, Lichtenstein B B. 2005. The role of organizational learning in the opportunity-recognition process. Entrepreneurship Theory and Practice, 29(4): 451-472.

Luzadis R A, Gerhardt M W. 2011. An exploration of the relationship between ethical orientation and goal orientation. Journal of Academic and Business Ethics, 5(1): 1-14.

Maehr M, Nicholls J G. 1980. Culture and achievement motivation: a second look. Studies in Cross-Cultural Psychology, 3: 221-267.

Man T W Y. 2006. Exploring the behavioral patterns of entrepreneurial learning: a competency approach. Education and Training, 48(5): 309-321.

March J G. 1991. Exploration and exploitation in organizational learning. Organization Science, 2(1): 71-87.

Markowska M. 2011. Becoming an expert: the role of goal orientation and role models in developing entrepreneurial competence//International Council for Small Business: 1-24.

Maurer T J, Pierce H R, Shore L M. 2002. Perceived beneficiary of employee development activity: a three-dimensional social exchange model. Academy of Management Review, 27(3): 432-444.

May D R, Gilson R L, Harter L M. 2004. The psychological conditions of meaningfulness, safety and availability and the engagement of the human spirit at work. Journal of Occupational and Organizational Psychology, 77: 11-37.

Mccelland D, Atkinson J W, Clark R A, et al. 1953. The Achievement Motive. New York: Appleton Century Crofts.

Merton R K. 1957. Social Theory and Structure. New York: Free Press.

Millar M G, Tesser A. 1986. Thought-induced attitude change: the effects of schema structure and commitment. Journal of Personality & Social Psychology, 51(2): 259-269.

Minniti M, Bygrave W. 2001. A dynamic model of entrepreneurial learning. Entrepreneurship Theory and Practice, 25(3): 5-16.

Mitchell J P, Heatherton T F, Kelley W M, et al. 2007. Separating sustained from transient aspects of cognitive control during thought suppression. Psychological Science, 18(4): 292-297.

Muhl C J. 2002. What is an employee? The answer depends on the federal law. Monthly Labor Review, 125(1): 3-11.

Murray H A. 1938. Explorations in Personality. Oxford: Oxford University Press.

Newmann F M, Wehlage G G, Lamborn S D. 1992. The significance and sources of student //Student Engagement and Achievement in American Secondary Schools. New York: Teachers College Press.

Nicholls J G. 1975. Causal attributions and other achievement-related cognitions: effects of task outcome, attainment value, and sex. Journal of Personality & Social Psychology, 31(3): 379-389.

Nicholls J G. 1984. Achievement motivation: conceptions of ability, subjective experience, task choice, and performance. Psychological Review, 91(3): 328-346.

Nicholls N C L, Cooper A C, Woo C Y. 2000. Strategic experimentation: understanding change and performance in new ventures. Journal of Business Venturing, 15: 493-521.

Nikolov K, Urban B. 2013. Employee perceptions of risks and rewards in terms of corporate entrepreneurship participation. Journal of Industrial Psychology, 39(1): 1-13.

Norman D A, Bobrow D G. 1975. On data-limited and resource-limited processes. Cognitive Psychology, 7: 44-64.

Nunnally J C, Bernstein I H. 1994. Psychometric Theory. New York: Mcgraw Hill.

Perttula K, Cardon M S. 2011. Passion. Handbook for Positive Organizational. Oxford: Oxford University Press.

Petkova A P. 2009. A theory of entrepreneurial learning from performance errors. International Entrepreneurship and Management Journal, 5(4): 345-367.

Philippe F L, Vallerand R J, Houlfort N, et al. 2010. Passion for an activity and quality of interpersonal relationships: the mediating role of emotions. Journal of Personality and Social Psychology, 98: 917-932.

Pieterse A N, Knippenberg D V, Dierendonck D V, et al. 2013. Cultural diversity and team performance: the role of team member goal orientation. Academy of Management Journal, 56(3): 782-804.

Podsakoff P M, Macknzie S B, Lee J Y, et al. 2003. Common method biases in behavioral research: a critical review of the literature and recommended remedies. Journal of Applied Psychology, 88(5): 879-903.

Politis D. 2005. The process of entrepreneurial learning: a conceptual framework. Entrepreneurship Theory and Practice, 29(4): 399-424.

Ponton M K, Carr P B. 1999. A Quasi-linear behavioral model and an application to self-directed learning. Hampton: NASA Langley Technical Report.

Rae D, Carswell M. 2000. Using a life-story approach in researching entrepreneurial learning: the development of a conceptual model and its implications in the design of learning experiences. Education and Training, 42: 220-227.

Rae D, Carswell M. 2001. Towards a conceptual understanding of entrepreneurial learning. Journal of Small Business and Enterprise Development, 8(2): 150-158.

Rae D. 2005. Mid-career entrepreneurial learning. Education + Training, 47(8/9): 562-574.

Rae D. 2006. Entrepreneurial learning: a conceptual framework for technology-based enterprise. Technology Analysis & Strategic Management, 18(1): 39-56.

Rokeach M. 1973. The Nature of Human Values. New York: Free Press.

Rosenberg M J, Hovland C I. 1960. Cognitive, affective, and behavioral components of attitudes. Attitude Organization and Change, 1960.

Rothbard N P. 2001. Enriching or depleting? The dynamics of engagement in work and family roles. Administrative Science Quarterly, 46(4): 655-684.

Russo M. 2012. Diversity in goal orientation, team performance, and internal team environment. Equality, Diversity and Inclusion: An International Journal, 31(2): 124-143.

Sachs M L. 1981. Running addiction//Sacks M H. Psychology of Running. Champaign: Human Kinetics Publishers.

Sani A R, Rad R K. 2015. The structural model of relationship between informational style, achievement goals and cognitive engagement. European Online Journal of Natural and Social Sciences, 4(1): 219-228.

Schaufeli W B, Salanova M, Gonzalez-Roma V, et al. 2002. The measurement of engagement and burnout: a two-sample confirmatory factor analytic approach. Journal of Happiness Studies, 3: 71-92.

Schwarts S H, Bardi A. 2001. Value hierarchies across cultures: taking a similarities perspective. Journal of Cross-Cultural Psychology, 32: 268-290.

Seguin L C, Laliberte M L N, Pelletier L G, et al. 2003. Harmonious and obsessive passion for the internet: their associations with the couple's relationship. Journal of Applied Social Psychology, 33: 197-221.

Shalley C E, Zhou J. 2008. Organizational Creativity Research: A Historical Overview. New York: Lawrence Erlbaum Associates.

Shane S, Venkataraman S. 2000. The promise of entrepreneurship as a field of research. Academy of Management Review, 25(1): 217-226.

Shane S. 2000. Prior knowledge and the discovery of entrepreneurial opportunities. Organization Science, 11(4): 448-469.

Shavitt S. 1989. Operationalizing functional theories of attitude. Attitude Structure and Function: 311-377.

Sheldon K M. 2002. The self-concordance model of healthy goal striving: when personal goals correctly represent the person Edwark D L, Richard R M. Handbook of Self-Determination Research. New York: The University of Rochester Press.

Shepherd J, Vincent C. 1991. Interviewer-respondent interactions in CATI interviews//Proceedings of the Annual Research Conference: 523-536.

Smilor R W. Entrepreneurship: reflections on a subversive activity. Journal of Business Venturing, 1997, 12(5): 341-346.

Smith K K, Berg D N. 1987. Paradoxes of Group Life. San Francisco: Jossey-Bass.

Sonnentag S, Kleine B M. 2000. Deliberate practice at work: a study with insurance agents. Journal of Occupational and Organizational Psychology, 73: 87-102.

Sonnentag S. 2003. Recovery, work engagement, and proactive behavior: a new look at the interface between nonwork and work. Journal of Applied Psychology, 88(3): 518-528.

Su Z, Li J, Yang Z, et al. 2011. Exploratory learning and exploitative learning in different organizational structures. Asia Pacific Journal of Management, 28(4): 697-714.

Swan J, Newell S, Scarbrough H, et al. 1999. Knowledge management and innovation: networks and networking. Jouranl of Knowledge Management, 3: 262-274.

Thorgren S, Nordstrom C, Wincent J. 2014. Hybrid entrepreneurship: the importance of passion. Baltic Jouranl of Management, 9(3): 314-329.

Tolentiono L R, Garcia P R J M, Lu V N, et al. 2014. Career adaptation: the relation of adaptability to goal orientation, proactive personality, and career optimism. Journal of Vocational Behavior, 84(1): 39-48.

Tsai S P. 2011. Fostering international brand loyalty through committed and attached relationships. International Business Review, 20(5): 521-534.

Tuckey M, Brewer N, Williamson P. 2002. The influence of motives and goal orientation on feedback seeking. Journal of Occupational and Organizational Psychology, 75: 195-216.

Unger J, Rauch A, Frese M, et al. 2011. Human capital and entrepreneurial success: a meta-analytical review. Journal of Business Venturing, 26: 341-358.

Urdan T C, Maehr M L, Pintrich P R. 1997. Achievement goal theory: past results, future directions. Encyclopedia of the Sciences of Learning: 99-142.

Urdan T C, Maehr M L. 1995. Beyond a two-goals theory of motivation and achievement: a case for social goals. Review of Educational Research, 65: 213-243.

Vallerand R J, Houlfort N. 2003. Passion at work: toward a new conceptualization. Research in Social Issues in Management, 3: 175-204.

Vallerand R J, Paquet Y, Phipippe F L, et al. 2010. On the role of passion for work in burnout: a process model. Journal of Personality, 78(1): 289-312.

Vallerand R J, Salvy S J, Mageau G A, et al. 2007. On the role of passion in performance. Journal of Personality, 75: 505-534.

Vallerand R J, Vernerfilion J. 2013. Making people's life most worth living: on the importance of passion for positive psychology. Terapia Psicológica, 31(1): 35-48.

van Yperen N W, Janssen O. 2002. Feeling fatigued and dissatisfied or feeling fatigued but satisfied? Employees' goal orientations and their responses to high job demands. Academy of Management Journal, 45(6): 1161-1171.

Vandeven A H, Polley D. 1992. Learning while innovating. Organizational Science, 3: 92-116.

Vandewalle D, Cummings L L. 1997. A test of the influence of goal orientation on the feedback-seeking process. Journal of Applied Psychology, 82(3): 390-400.

Vandewalle D. 1997. Development and validation of a work domain goal orientation instrument. Educational and Psychological Measurement, 57: 995-1015.

Vandewalle D. 2001. Goal orientation: why wanting to look successful doesn't always lead to success. Organizational Dynamics, 2: 162-171.

Weiner B A. 1977. Theory of motivation for some classroom experiences. Journal of Educational Psychology, 71(1): 3-25.

Wicker A W. 1969. Attitudes versus actions: the relationship of verbal and overt behavioral responses to attitude objects. Journal of Social Issues, 25(4): 41-78.

Xiao Q, Marino L D, Zhuang W. 2010. A situation perspective of entrepreneurial learning: implications for entrepreneurial innovation propensity. Journal of Business and Entrepreneurship, 22(1): 69-89.

Young J E, Sexton D L. 2003. What makes entrepreneurs learn and how do they do it?. Journal of Entrepreneurship, 12(2): 155-182.

Zahra S A. 1993. A conceptual model of entrepreneurship as firm behavior: a critique and extension. Entrepreneurship Theory and Practice, 17(4): 5-21.

Zhao Y, Li Y, Lee S H, et al. 2011. Entrepreneurial orientation, organizational learning, and performance: evidence from China. Entrepreneurship Theory and Practice, 35(2): 293-317.

Zigarmi D, Nimon K, Housom D, et al. 2009. Beyond engagement: toward a framework and operational definition for employee work passion. Human Resource Development Review, 8(3): 300-326.

Zigarmi D, Nimon K, Houson D, et al. 2011. A preliminary field test of an employee work passion model. Human Resource Development Quarterly, 22(2): 195-221.

# 附　录

## 调查问卷 I

尊敬的女士/先生：

您好！我们是吉林大学创新与创业研究中心的研究人员，本次调查是受国家自然科学基金项目的支持和有关政府部门的委托，对新创企业进行深入调研。本问卷是一份学术性研究问卷，采取匿名方式填写，主要是为了探讨新企业目标导向对员工创业学习的影响关系研究。问卷内各个问题的答案，没有"对"与"错"之分，并且本调查问卷只作为整体样本调查中的一份进行整体统计分析，每份问卷不会单独使用，您只要根据实际情况填写即可。调查结果仅供研究之用，不会对外公开，真诚感谢您对本次研究做出的贡献。也希望本研究可以为社会做出贡献。

本问卷共包含三个部分内容：第一部分是选择题，根据您的实际情况做出单项选择即可；第二部分是有关您个人在企业创业活动中的状态评价；第三部分是您的一些基本信息。请阅读以下每一条陈述，并对照您的真实感受，在相应的选项划"〇"。

再次感谢您的帮助，恭祝您工作顺利！幸福安康！

### 筛选分类问项

1. 请问您目前企业成立的时间是？

　　A. 1～2 年　　　B. 3～5 年　　　C. 6～8 年　　　D. 8 年以上

2. 请问您的工作年限是？

　　A. 1～2 年　　　B. 3～5 年　　　C. 6～10 年　　　D. 10 年以上

3. 请问您在目前企业中的岗位属于？

　　A. 技术类　　B. 管理类　　C. 工勤类

4. 请问您目前企业属于？

　　A. 科技型企业　　　　　　B. 非科技型企业

5. 请问您目前企业规模是？

　　A. 10～50 人　　　B. 50～100 人　　　C. 100～150 人

　　D. 150～200 人　　E. 200～500 人　　　F. 500 人以上

# 状态评价问项

| 请根据您个人实际情况进行 **5** 级评价 | | | | | |
|---|---|---|---|---|---|
| **累积学习目标导向：** | 完全不符合 | | | 完全符合 | |
| Q11. 我经常阅读一些与工作相关的材料，提高我的能力 | 1 | 2 | 3 | 4 | 5 |
| Q12. 我愿意选择能从中学到很多东西的工作任务 | 1 | 2 | 3 | 4 | 5 |
| Q13. 我经常寻找那些可以发展新技能、学习新知识的机会 | 1 | 2 | 3 | 4 | 5 |
| Q14. 我喜欢有挑战性的工作，因为可以从中学到新技能 | 1 | 2 | 3 | 4 | 5 |
| Q15. 为了提升工作能力，我愿意承担风险 | 1 | 2 | 3 | 4 | 5 |
| Q16. 我更喜欢在那些需要高能力水平和才能的环境中工作 | 1 | 2 | 3 | 4 | 5 |
| **绩效趋近目标导向：** | 完全不符合 | | | 完全符合 | |
| Q21. 我更喜欢那些能够做好并且可以证明我能力的任务 | 1 | 2 | 3 | 4 | 5 |
| Q22. 我想要表现得比我的同事更好 | 1 | 2 | 3 | 4 | 5 |
| Q23. 我试图想办法在工作中向别人证明我的能力 | 1 | 2 | 3 | 4 | 5 |
| Q24. 别人能意识到我工作优秀，这让我很享受 | 1 | 2 | 3 | 4 | 5 |
| Q25. 我更喜欢那些能够向他人证明我能力的工作 | 1 | 2 | 3 | 4 | 5 |
| **绩效规避目标导向：** | 完全不符合 | | | 完全符合 | |
| Q31. 我会尽量避免接受让我显得技不如人的工作 | 1 | 2 | 3 | 4 | 5 |
| Q32. 与学习新技能相比，我更看重的是避免展示自己能力的不足 | 1 | 2 | 3 | 4 | 5 |
| Q33. 我会很担忧在工作中我的表现暴露了我能力和技术的不足 | 1 | 2 | 3 | 4 | 5 |
| Q34. 我更希望在工作中避免那些会使我的表现显得拙劣的情况 | 1 | 2 | 3 | 4 | 5 |
| Q35. 我通常不愿意向他人咨询不懂的问题，以免让他人认为我咨询了一个愚蠢的问题 | 1 | 2 | 3 | 4 | 5 |
| **认知投入：** | 完全不符合 | | | 完全符合 | |
| Q41. 当我工作的时候，我觉得时间过得很快 | 1 | 2 | 3 | 4 | 5 |
| Q42. 我完全被我当前的工作所吸引 | 1 | 2 | 3 | 4 | 5 |
| Q43. 我经常在工作的时候，思考其他与工作无关的事物 | 1 | 2 | 3 | 4 | 5 |
| Q45. 我花费大量时间来考虑我的工作 | 1 | 2 | 3 | 4 | 5 |
| Q46. 当我工作时，我忘记了周围一切事情 | 1 | 2 | 3 | 4 | 5 |
| Q47. 我对我的工作非常关注 | 1 | 2 | 3 | 4 | 5 |
| **工作激情：** | 完全不符合 | | | 完全符合 | |
| Q51. 我热爱我的工作 | 1 | 2 | 3 | 4 | 5 |
| Q52. 当我远离工作时，我期待着重返工作 | 1 | 2 | 3 | 4 | 5 |
| Q53. 工作让我经历各种各样的体验 | 1 | 2 | 3 | 4 | 5 |
| Q55. 我更欣赏在工作中发现的新事物 | 1 | 2 | 3 | 4 | 5 |

续表

| 请根据您个人实际情况进行 5 级评价 刻意练习: | 完全不符合 | | | 完全符合 | |
|---|---|---|---|---|---|
| Q61. 我愿意对工作内容进行精心安排 | 1 | 2 | 3 | 4 | 5 |
| Q62. 我愿意从事适当难度的工作 | 1 | 2 | 3 | 4 | 5 |
| Q63. 我愿意从事缺乏娱乐性的工作 | 1 | 2 | 3 | 4 | 5 |
| Q64. 我愿意从事反复历练的工作 | 1 | 2 | 3 | 4 | 5 |
| Q65. 我愿意在工作中不断修正错误 | 1 | 2 | 3 | 4 | 5 |
| Q66. 我愿意获取工作反馈信息并进行改进 | 1 | 2 | 3 | 4 | 5 |
| 创业学习: | 完全不符合 | | | 完全符合 | |
| Q71. 我会不断反思工作中的失败行为 | 1 | 2 | 3 | 4 | 5 |
| Q72. 我会通过不断重复自己的某些工作行为来获取经验 | 1 | 2 | 3 | 4 | 5 |
| Q73. 我认为失败行为并不可怕，关键在于能从中吸取教训 | 1 | 2 | 3 | 4 | 5 |
| Q74. 我非常关注标杆企业的工作方法 | 1 | 2 | 3 | 4 | 5 |
| Q75. 我经常参与各种正式或非正式的讨论会 | 1 | 2 | 3 | 4 | 5 |
| Q76. 我经常阅读相关书籍和文献以获取有价值的创业知识 | 1 | 2 | 3 | 4 | 5 |
| Q77. 我会经常与行业中的专业人员进行交流 | 1 | 2 | 3 | 4 | 5 |
| Q78. 我非常注重在创业活动中深化已有的知识 | 1 | 2 | 3 | 4 | 5 |
| Q79. 我认为通过创业活动获得的经验是极为有限 | 1 | 2 | 3 | 4 | 5 |
| Q70. 我会参加持续的创业活动来反思或纠正已有的经验 | 1 | 2 | 3 | 4 | 5 |

# 基本信息

1. 您的性别是？

　　A. 男　　　　B. 女

2. 您的年龄是？

　　A. 20 岁以下　　　B. 21～25 岁　　　C. 26～30 岁

　　D. 31～35 岁　　　E. 35～40 岁　　　F. 41～45 岁　　　G. 45 岁以上

3. 您的学历是？

　　A. 中专及以下　B. 大专　C. 本科　D. 硕士　E. 博士

本问卷到此结束，请再次浏览一下有无遗漏的地方，再次感谢您对本研究的支持和帮助！

# 调查问卷 II

尊敬的女士/先生：

您好！我们是吉林大学创新与创业研究中心的研究人员，本次调查是受国家自然科学基金项目的支持和有关政府部门的委托，对新创企业进行深入调研。本问卷是一份学术性研究问卷，采取匿名方式填写，主要是为了探讨新企业目标导向对员工创业学习的影响关系研究。问卷内各个问题的答案，没有"对"与"错"之分，并且本调查问卷只作为整体样本调查中的一份进行整体统计分析，每份问卷不会单独使用，您只要根据实际情况填写即可。调查结果仅供研究之用，不会对外公开，真诚感谢您对本次研究做出的贡献。也希望本研究可以为社会做出贡献。

本问卷共包含三个部分内容：第一部分是选择题，根据您的实际情况做出单项选择即可；第二部分是有关您个人在企业创业活动中的状态评价；第三部分是您的一些基本信息。请阅读以下每一条陈述，并对照您的真实感受，在相应的选项划"○"。

再次感谢您的帮助，恭祝您工作顺利！幸福安康！

## 筛选分类问项

1. 请问您目前企业成立的时间是？

　　A. 1～2 年　　　B. 3～5 年　　　C. 6～8 年　　　D. 8 年以上

2. 请问您的工作年限是？

　　A. 1～2 年　　　B. 3～5 年　　　C. 6～10 年　　　D. 10 年以上

3. 请问您在目前企业中的岗位属于？

　　A. 技术类　　　B. 管理类　　　C. 工勤类

4. 请问您目前企业属于？

　　A. 科技型企业　　　　　　　B. 非科技型企业

5. 请问您目前企业规模是？

　　A. 10～50 人　　　B. 50～100 人

　　C. 100～150 人　　D. 150～200 人

　　E. 200～500 人　　F. 500 人以上

# 状态评价问项

| 请根据您个人实际情况进行 5 级评价 | | | | | |
|---|---|---|---|---|---|
| **累积学习目标导向：** | 完全不符合 | | | 完全符合 | |
| Q11. 我经常阅读一些与工作相关的材料，提高我的能力 | 1 | 2 | 3 | 4 | 5 |
| Q12. 我愿意选择能从中学到很多东西的工作任务 | 1 | 2 | 3 | 4 | 5 |
| Q13. 我经常寻找那些可以发展新技能、学习新知识的机会 | 1 | 2 | 3 | 4 | 5 |
| Q14. 我喜欢有挑战性的工作，因为可以从中学到新技能 | 1 | 2 | 3 | 4 | 5 |
| Q15. 为了提升工作能力，我愿意承担风险 | 1 | 2 | 3 | 4 | 5 |
| **绩效趋近目标导向：** | 完全不符合 | | | 完全符合 | |
| Q21. 我更喜欢那些能够做好并且可以证明我能力的任务 | 1 | 2 | 3 | 4 | 5 |
| Q22. 我想要表现得比我的同事更好 | 1 | 2 | 3 | 4 | 5 |
| Q23. 我试图想办法在工作中向别人证明我的能力 | 1 | 2 | 3 | 4 | 5 |
| Q24. 别人能意识到我工作优秀，这让我很享受 | 1 | 2 | 3 | 4 | 5 |
| Q25. 我更喜欢那些能够向他人证明我能力的工作 | 1 | 2 | 3 | 4 | 5 |
| **绩效规避目标导向：** | 完全不符合 | | | 完全符合 | |
| Q31. 我会尽量避免接受让我显得技不如人的工作 | 1 | 2 | 3 | 4 | 5 |
| Q32. 与学习新技能相比，我更看重的是避免展示自己能力的不足 | 1 | 2 | 3 | 4 | 5 |
| Q33. 我会很担忧在工作中的表现暴露了我能力和技术的不足 | 1 | 2 | 3 | 4 | 5 |
| Q34. 我更希望在工作中避免那些会使我的表现显得拙劣的情况 | 1 | 2 | 3 | 4 | 5 |
| Q35. 我通常不愿意向他人咨询不懂的问题，以免让他人认为我咨询了一个愚蠢的问题 | 1 | 2 | 3 | 4 | 5 |
| **认知投入：** | 完全不符合 | | | 完全符合 | |
| Q41. 当我工作的时候，我觉得时间过得很快 | 1 | 2 | 3 | 4 | 5 |
| Q42. 我完全被我当前的工作所吸引 | 1 | 2 | 3 | 4 | 5 |
| Q43. 我经常在工作的时候，思考其他与工作无关的事物 | 1 | 2 | 3 | 4 | 5 |
| Q44. 我花费大量时间来考虑我的工作 | 1 | 2 | 3 | 4 | 5 |
| Q45. 我对我的工作非常关注 | 1 | 2 | 3 | 4 | 5 |
| **工作激情：** | 完全不符合 | | | 完全符合 | |
| Q51. 我热爱我的工作 | 1 | 2 | 3 | 4 | 5 |
| Q52. 当我远离工作时，我期待重返工作 | 1 | 2 | 3 | 4 | 5 |
| Q53. 工作让我经历各种各样的体验 | 1 | 2 | 3 | 4 | 5 |
| Q54. 我更欣赏在工作中发现的新事物 | 1 | 2 | 3 | 4 | 5 |

续表

| 请根据您个人实际情况进行5级评价 | | | | | |
| --- | --- | --- | --- | --- | --- |
| 刻意练习： | 完全不符合 | | | | 完全符合 |
| Q61. 我愿意对工作内容进行精心安排 | 1 | 2 | 3 | 4 | 5 |
| Q62. 我愿意从事适当难度的工作 | 1 | 2 | 3 | 4 | 5 |
| Q63. 我愿意从事反复历练的工作 | 1 | 2 | 3 | 4 | 5 |
| Q64. 我愿意在工作中不断修正错误 | 1 | 2 | 3 | 4 | 5 |
| Q65. 我愿意获取工作反馈信息并进行改进 | 1 | 2 | 3 | 4 | 5 |
| 创业学习： | 完全不符合 | | | | 完全符合 |
| Q71. 我会不断反思工作中的失败行为 | 1 | 2 | 3 | 4 | 5 |
| Q72. 我会通过不断重复自己的某些工作行为来获取经验 | 1 | 2 | 3 | 4 | 5 |
| Q73. 我认为失败行为并不可怕，关键在于能从中吸取教训 | 1 | 2 | 3 | 4 | 5 |
| Q74. 我经常参与各种正式或非正式的讨论会 | 1 | 2 | 3 | 4 | 5 |
| Q75. 我经常阅读相关书籍和文献以获取有价值的创业知识 | 1 | 2 | 3 | 4 | 5 |
| Q76. 我非常注重在创业活动中深化已有的知识 | 1 | 2 | 3 | 4 | 5 |
| Q77. 我认为通过创业活动获得的经验是极为有限 | 1 | 2 | 3 | 4 | 5 |
| Q78. 我会参加持续的创业活动来反思或纠正已有的经验 | 1 | 2 | 3 | 4 | 5 |

## 基本信息

1. 您的性别是？

　　A. 男　　　　　B. 女

2. 您的年龄是？

　　A. 20 岁以下　　　B. 21～25 岁　　　C. 26～30 岁

　　D. 31～35 岁　　　E. 35～40 岁　　　F. 41～45 岁　　　G. 45 岁以上

3. 您的学历是？

　　A. 中专及以下　　B. 大专　　C. 本科　　D. 硕士　　E. 博士

　　本问卷到此结束，请再次浏览一下有无遗漏的地方，再次感谢您对本研究的支持和帮助！